VÍCTOR SUEIRO

Más allá de la vida

◆

Planeta

Diseño de cubierta: Mario Blanco
Diseño de interiores: Daniel Galst

Vigesimoprimera edición: mayo de 1994
© 1990, Víctor Sueiro

Derechos exclusivos de edición en castellano
reservados para todo el mundo:
© 1990, Editorial Planeta Argentina S.A.I.C.
Independencia 1668, Buenos Aires
© 1990, Grupo Editorial Planeta
ISBN 950-742-021-5
Hecho el depósito que prevé la ley 11.723
Impreso en la Argentina

A aquellas cosas que son las que más me importan y que –curiosamente– son todas femeninas: a la Esperanza, a la Fe, a la Argentina, a la Amistad, a mi mamá, a mi mujer, a mi hija, a la Vida y a la Muerte.

A Rocío Sueiro, mi hija de doce años, que me regaló el título de este libro y me regala a diario el orgullo de ser su padre.

A la gente que tiene Fe y a la que va a tenerla.

CUANDO SE INVENTE
UNA PALABRA MAYOR QUE "GRACIAS" DEBERÉ
DECÍRSELA A TODA ESTA GENTE

* Doctor RAÚL MATERA
* Padre ISMAEL QUILES
* Doctor LUIS DE LA FUENTE, director de
  Hemodinamia del Sanatorio Güemes
* Doctor JORGE WISNER, cardiólogo, hemodinamista
* Licenciada SILVIA MOSCOLONI, psicóloga,
  psicoanalista
* Absolutamente todo el personal médico y de
  enfermería de Hemodinamia del Sanatorio Güemes
* Absolutamente todo el personal médico y de
  enfermería de Unidad Coronaria y
  Terapia Intermedia (6º y 7º pisos)
  del Sanatorio Güemes
* Todos y cada uno de los que dieron
  su testimonio personal
* Licenciado SERGIO LAJER
* ALEJANDRO ARMANI

EL 20 DE JUNIO DE 1990 POR LA MAÑANA, mientras me encontraba en una Sala de Hemodinamia del Sanatorio Güemes siendo objeto de un estudio cardiológico, mi corazón se detuvo y dejé de respirar. Fui sacado de esa situación (la muerte o, al menos, sus umbrales) gracias a la rapidez y pericia de todos los que forman parte del equipo del doctor Jorge Wisner, "primera espada" del doctor Luis de la Fuente, una verdadera eminencia a nivel internacional.

Lo que me llevó a aquel momento y lo que ocurrió después está narrado en este libro. Pero lo más importante es lo que pasó durante esos cuarenta segundos en los que estuve muerto.

¿Estuve muerto? ¿Se le puede llamar así a ese estado, como si nada? No lo sé. Hay una intensa y muy erudita polémica internacional con respecto al tema del momento de la muerte. Yo sólo tengo algunas cosas realmente claras: que lo que sentí –o algo similar– fue sentido por miles de personas en el mundo antes que yo, incluyendo a los que aquí testimonian con nombre y apellido; que hace unos años hubiera parecido una locura encarar este tema –aquí o en el extranjero–, y que hoy hay institutos especializados en su estudio en los Estados Unidos y en Europa; que realmente existe un Más Allá y que necesito casi con desesperación contar todo lo que sigue.

¿Muerto? No lo sé. Lo que sí sé es que el aparato que devolvió el funcionamiento a mi corazón y mis pulmones –y por el cual mi cerebro recuperó la conciencia– se llama defibrilador. La mayoría de los médicos, sin embargo, lo menciona habitualmente con un nombre más popular: resucitador. Y el diccionario dice que "resucitar" es volver a la vida a un muerto. Claro que no hay que creer todo lo que uno lee por ahí.

VÍCTOR SUEIRO
AGOSTO 1990

ANTE TODO

ANTE TODO

ANTE TODO

ME ESTOY MURIENDO.

Los médicos no me hablan del tema; en realidad, nadie lo hace. Pero no es necesario. Sé que estoy muriendo, inexorablemente, y que no puedo hacer nada para evitarlo. Y hablo en serio, esto no forma parte de un recurso literario para que ustedes queden atrapados en la trama desde el principio. Por empezar, éste no es un libro de ficción, ni cosa que se le parezca. Todo lo que sigue es rigurosamente cierto, y hallarán en el texto nombres y apellidos de notables personajes que jamás se prestarían a un intento bastardo, de ficción o no ficción.

Por eso insisto y sin exagerar: me estoy muriendo.

Pero no sientan demasiada pena por mí. También ustedes están muriendo. Todos nos estamos muriendo. Y lo hacemos desde el primer instante de nuestra vida, ya que cada segundo que pasa es uno menos que nos queda. Desde que ustedes empezaron a leer, por ejemplo, si lo han hecho a un ritmo mediano, ya dejaron dos minutos al menos de sus vidas perdidos en ese simple acto. Pero tal vez no sean perdidos.

Desde siempre –cada vez que se ha animado a pensar en ello–, el hombre se ha preguntado qué pasa después de la muerte. La religión –cualquier religión–

Víctor Sueiro

da una respuesta que es aceptable sólo a través de la fe, ya que la razón cae al abismo un metro antes de llegar al tema. La ciencia pretendió y pretende incursionar en los laberintos de un Más Allá, que está en realidad bastante Más Acá, pero por más tecnología que hayamos desarrollado desde hace unas décadas no hay nada que hacer: uno más uno no siempre es dos, al menos en este asunto.

¿Qué pasa, entonces? ¿Acaso nos vamos a resignar a mirarnos el ombligo mansa y tranquilamente esperando el Gran Momento, sin siquiera tratar de investigar un poco "por las nuestras"? ¿No nos damos cuenta de que la muerte es, tal vez, lo más importante de nuestra vida? Los pagarés, las cuotas, las amantes de turno, los hijos que crecen con desprecio por nosotros que decrecemos, el tanque de agua del baño que hay que hacer arreglar, el trabajo que aburre, las reuniones de fin de semana con las mismas caras que siempre dicen las mismas cosas, los proyectos frustrados, el asco a veces: ¿eso es vivir? ¿Eso es lo que ocupa nuestro tiempo? ¿Y después?

Mucho proyecto al estilo de "comamos juntos la semana que viene" o "alquilemos ya para el verano, que nos sale más barato porque faltan como cuatro meses" o "así como está, este auto tira dos años más". Parecemos cachorros de ingenuos (porque ser ingenuo hasta ese punto es ser un animalito). ¿Dos años de auto? ¿Alquilar cuatro meses antes? ¿Comer juntos la semana entrante? ¿Y quién nos garantiza que dentro de dos minutos y veintisiete segundos no nos dé un paro cardíaco o no rocemos la lámpara y quedemos electrocutados o no entren en donde estamos dos adolescentes drogados que nos reventarán a balazos para llevarse nuestro reloj y nuestros zapatos, esos viejos mocasines marrones tan. lindos? Dije dos minutos y veintisiete segundos, aunque podría ser antes. Ni hablar de todos los demás minutos y segundos que siguen.

Claro que no se trata de estar pensando todo el tiempo en que nos vamos a morir (lo cual no estaría del todo mal para vivir un poco mejor). Estamos de

14

acuerdo en evitar la paranoia, huirle a la "persecuta", gambetear la obsesión, pero no en la negación, en el no enfrentamiento de la realidad, en imaginarnos inmortales cuando bien sabemos que no lo somos.

Cada vez que uno apoya la cabeza en la almohada, está disponiéndose a jugar una nueva noche a la ruleta rusa: las estadísticas mundiales indican que son miles las personas que mueren mientras duermen. Ni hablar de todo lo que puede ocurrir –y ocurre– cuando uno anda caminando por la vida.

Por todo esto es que no es mala cosa despabilarnos un poco y hacernos la pregunta clave: ¿qué pasa cuando nos morimos?

Hasta ahora han encarado seriamente este tema varios autores norteamericanos, todos ellos médicos. El primero en jugarse fue el doctor Raymond Moody, hace apenas quince años, como veremos más adelante. En los primeros tiempos no la pasó bien por su condición de médico metido a investigar más allá de la vida. Pero las cosas fueron cambiando. Hoy –gracias a él y a los que le siguieron– existen en los Estados Unidos y en varios países de Europa institutos especializados en el tema y su estudio permanente. Se busca demostrar desde la ciencia que sí hay vida después de la vida, y se investiga.

Este libro se suma a esa investigación y –aunque parezca mentira– lleva algunos puntos a favor con respecto a los norteamericanos, que ya suman decenas de libros. No se trata aquí de presumir, pero eso de ganarles en algo como esto a los norteamericanos hace que uno se sienta volteando al campeón del mundo. ¿Usted se lo callaría? ¿O andaría contándolo públicamente como yo lo estoy haciendo? ¿No es cierto que sí? Los puntos a favor:

1) Todos los libros norteamericanos son, sencillamente, excelentes y rigurosos. Suman testimonios y analizan los diferentes enfoques. Pero ni uno solo de los autores de esos libros ha vivido la experiencia de "morir" y volver para contarlo. Yo sí, y es ésta la primera vez que en el mundo se investiga el tema

desde el punto de vista de un protagonista directo de semejante trance. Yo sí lo viví, y es por eso que en este libro se entremezclan capítulo a capítulo los relatos en primera persona de mi propia historia con los testimonios de otros (hoy hermanados en "el viaje de ida y vuelta"), las opiniones de profesionales de primera línea y la investigación en sí.

2) No soy médico, lo cual me desinhibe por completo, ya que no debo llevar sobre mis espaldas la pesada carga del razonable prejuicio profesional. Los autores norteamericanos, pobrecitos, sabían que cada línea que escribían era un paso en la cuerda floja bajo la cual aguardaban voraces sus colegas-leones, esperando que cayeran para devorarlos. Los pioneros que se jugaron y escribieron sobre el tema desde el punto de vista médico y humano sabían que sus peores enemigos serían esos colegas, para los cuales la profesión consiste en recetar un par de antibióticos y correr al club para no perder su turno en la cancha de tenis, "no sea que..."

3) Hace treinta años que me gano la vida escribiendo, como periodista, lo cual no sólo resulta útil ahora sino, también, otro elemento diferenciador de la literatura que existe sobre el tema. Mi oficio me facilitó también el trabajo de entrevistas y su prolija selección.

Luego de estas tres hurras por haberle ganado un poquito al campeón, podemos pasar al tema, con sólo una advertencia: quien espere encontrar aquí un libro dramático, triste, depresivo y deprimente, se equivocó de lectura. Éste es –por momentos– un libro de texto tenso, asombroso. Y es, en otros momentos, un libro juguetón, casi humorístico y con alguna que otra palabrota que se cayó por allí y que allí fue dejada, porque sonaba mejor que cualquier otra. Todo esto es, apenas, una cuestión de estilo.

Lo que realmente importa es que se trata de un libro riguroso y serio más allá del estilo. Riguroso y serio pero jamás solemne.

El tema no da para ponerse solemne: sólo se habla de la vida y de la muerte.

UNO

TOMANDO CONTACTO

Es tan natural
morir como nacer
Francis bacon

—TE ESTÁS MAREANDO.
No era una pregunta. Era una afirmación cálida
pero firme. El doctor Wisner dejó caer la frase sin
mirarme siquiera. Sus ojos estaban en otra cosa,
recorriendo los monitores que, desde la pared del
quirófano, iban mostrando, multiplicado y desde varios ángulos —con una luminosidad muy parecida a la
de una radiografía común–, un objeto de apariencia
algo fofa pero que, por alguna razón, inspiraba respeto: mi corazón. Los ojos de Wisner saltaban también
a varios otros aparatos que, con números digitales,
marcaban cifras que le hablaban de mí en ese momento mucho más que cualquier otra cosa o persona.
Pero no le hablaban bien, parecía. Por eso seguía
manipulando sus instrumentos sobre mí, pero sin
dejar de mirar como embrujado toda aquella batería
tecnológica de las paredes. Los demás ocupantes de la
sala permanecían en silencio, algunos cerca de mí y
otros deslizándose, con una suavidad que terminaba
por parecer perturbadora, por diferentes rincones del
lugar, buscando no sé qué cosas, pensando no sé qué
ideas, sintiendo no sé qué emociones pero —eso sí,
seguro–, ninguna que sintieran se parecía a la mía de
ese instante. Porque cuando Jorge Wisner volvió a

asegurar, esta vez con un tono que ahora mi memoria recuerda como más serio, más preocupado: "Te estás mareando", yo ya había empezado a advertir que las luces de la sala bajaban de intensidad lentamente, como manejadas con un atenuador, que las caras se borroneaban, que el mundo comprendía que el apuro no valía la pena y había decidido que todo y todos viviéramos en cámara lenta. No me oí a mí mismo, pero sé que respondí a la pregunta reiterada de Jorge.

–Sí, sí...

Así, dicho dos veces, quizá para reafirmarlo. Pero sabía entonces (y lo siento ahora) que mi voz no tenía un tono que merezca en este análisis un calificativo que lo defienda. Era un tono neutral, híbrido, como si todo eso no estuviera ocurriendo, en realidad.

Una pena, pensando que ésas bien podrían haber sido mis últimas palabras. "¿Y qué fue lo último que dijo, doctor", preguntarían mis parientes y amigos, esperando escuchar una frase inolvidable, algo que tal vez les cambiara la vida para siempre. Dijo: "Sí, sí, nada más", les contaría Wisner, que aunque es amigo se empecina en ser franco y realista. Mis amigos insistirían: "¡Con un tono triunfal, como asegurando que al fin había hallado la verdad!". Wisner los miraría comprensivo, pero no estaría dispuesto a mentir ni un poquito para enaltecer la cosa: "No. En un tono más bien débil, como temeroso; en un susurro. Una caca, bah". Y yo no sólo me hubiera muerto sino que, además, hubiera arruinado toda una reputación, la mía.

A lo largo de este libro es posible que aparezcan algunas ideas descolgadas de la frondosa planta del humor y que aparentemente nada tienen que hacer en estas páginas, como toda mi fantasía sobre mis últimas palabras. Acabo de releerlas y estuve a punto de arrancar la hoja de la máquina y eliminar lo que ha quebrado el principio dramático del relato, pero me frené a tiempo y me alegro. Es cierto que aquí el tema central es la muerte, pero también es cierto que –por muchas razones– quedará, creo, en claro la idea de que la muerte no es el fin sino muy posiblemente el principio. Y ésa es tal vez la mejor noticia que usted haya leído en toda su vida. Por eso el pequeño permiso que me tomo de algún toque de humor. Por eso y porque el humor aparece en los peores y más dramáticos momentos de nuestra vida para ayudar a soportarlos (recuerden los chistes en los velorios, sin ir más lejos).

Pero volvamos a lo nuestro: yo, horizontal en la mesa de intervenciones; una sensación de estar yéndome a la nada; movimientos lentos pero tensos a mi alrededor; el doctor Wisner me dice que me estoy mareando, yo le digo "sí, sí" y no recuerdo nada más, porque todo se puso negro de golpe y pasé a la nada. O eso creía yo, al menos.

Y no estaba del todo equivocado: fue en ese instante en que se produjo mi *muerte*. Pero sí me equivocaba en algo: la experiencia vivida en ese tiempo me demostró que no sólo no había pasado a la nada, sino que era muy probable que hubiera pasado al Todo.

La Gran Experiencia (así la llamaré desde ahora) había durado algo más de cuarenta segundos, y relataré con lujo de detalles cada micrón de instante de lo que entonces sentí, vi y oí. Pero más adelante.

Lo que ahora quiero dejar en claro es otra cosa.

Al volver en mí sentí las voces tranquilizadoras de Wisner y su equipo (al que, sin que yo lo advirtiera entonces, se habían sumado otros profesionales) y poco a poco, sin comprender mucho, fui tomando conciencia de aquello que para mí había sido un desmayo.

Fui llevado a una habitación contigua a la sala de intervenciones y quedé allí en reposo, tranquilo, pero a mano, por las dudas. Dejaron entrar a Rosita, mi mujer.

—¿Viste, Ro? A los cuarenta y pico todavía se puede debutar en algunas cosas. Acabo de desmayarme por primera vez en mi vida... Y no sabés lo que soñé durante el desmayo.

Y mientras le cuento advierto que estoy reconstruyendo todo, ya no tanto para ella sino más que nada para mí mismo.

Una hora más tarde estoy en mi habitación, en una cama (ya no camilla ni mesa de operaciones, que son ambas tan estrechas e incómodas) y pensando. Estoy en el octavo piso del Sanatorio Güemes, una de las trincheras cardiológicas más importantes de América, no sólo por la tecnología que contiene sino por el nivel profesional y humano de su personal. (Me agradaría dejar en claro que no estoy devolviendo gentilezas económicas, yo estaba a cubierto de esos sustos por Medicus, la empresa de medicina pre-paga que se hizo cargo hasta de los botones del pijama que pude haber perdido en esos días, cosa que yo y varias generaciones que me sucedan se lo agradeceremos). Estoy allí, como digo, tranquilo pero con el cuerpo dolorido, como si todo el esquema muscular hubiera pasado por una máquina mezcladora de cemento. "Me desmayé", vuelvo a pensar por vigésima vez. En ese momento entran Rosita y Alfredo Cartoy Díaz, un casi-hijo de veintisiete años, más bueno y noble que la penicilina. Estaban algo pálidos pero no les presté demasiada atención, porque se asustan de cualquier cosa que tenga que ver conmigo.

—Me desmayé —dije en voz alta a modo de saludo y como continuidad de lo que venía pensando, como digo, por vigésima vez.

Dijeron que sí, que ah-qué-cosa-seria, que cómo me sentía en ese momento, que pronto vendría Wisner. Y vino. Con él tenemos una suerte de pacto que le planteé cuando nos conocimos: él debía decirme siempre la verdad, por peor que ésta fuera. Wisner lo cumplió una vez más esa mañana.

—No te desmayaste en realidad... —contestó cuando le pregunté por qué me había ocurrido.

—¿Cómo que no me desmayé? ¿Me lo vas a contar a mí?

—No fue exactamente un desmayo. —Me miraba fijo, sentado junto a mi cama, sin demasiada solemnidad pero sin hacer chistes. Parecíamos Margarita Gautier y Armando. No me gustaba el papel de Margarita pero no podía hacer nada para evitarlo: quien estaba en la cama, débil, tratando de mantener la dignidad que la enfermedad nos resta, recibiendo el afecto de ese atorrante todo salud que es Wisner (el Armando de la metáfora) y esperando lo peor, era yo. No tosía, por suerte.

–¿Y qué fue?

–Fibrilaste.

Yo conocía el término, más a través de las películas que de otra cosa. Fibrilar. El corazón pierde el control, se pone loco, parece –tal como lo definen los cardiólogos– "una bolsa de gatos". En lugar de latir rítmicamente enviando sangre de la buena a todo rincón del cuerpo que la necesita (muy especialmente al cerebro), es como si el corazón estuviera conformado por miles de músculos y que cada uno de ellos se moviera a su propio compás, sin relación con el de al lado. Esto, obviamente, provoca un caos mortal.

Un par de semanas más tarde, hablando con uno de los médicos que me explicaba el fenómeno le dije con dolor, pero esta vez del alma: "es igual a la Argentina... Cada uno por su lado durante años y el desastre es para todos. Si empujáramos al mismo compás las cosas hubieran sido diferentes". Me miró como a un bicho, pero como a un bicho querido, y pronunció una sola palabra con tono de sorprenderse a sí mismo, y de sentir el mismo dolor que yo sentía: "Exactamente".

–¿Fibrilé? ¿Eso quiere decir que me pusieron en el pecho esos discos que se ven en las películas y que te mandan no sé cuántos voltios y que te hacen saltar y que todos se apartan?

Allí sonrió un poco, dijo que sí con la cabeza, se inclinó y abrió mi saco de pijama. Yo bajé la cabeza hasta que el mentón me tocó el pecho y descubrí, a pocos centímetros de ese mismo mentón, un círculo blanco con bordes rojizos. Parecía que me hubieran aplicado una sopapa en el medio del pecho. En el costado izquierdo, cerca de la espalda, tenía un círculo idéntico. Ocurre que la electricidad sale de uno de los

Víctor Sueiro

discos, debe atravesar el corazón y conectar la energía
con el otro. Por eso es que lo que muestran en las
películas cuando al paciente le ponen los dos discos
sobre el pecho es bastante Hollywood, pero poco realista.
Lo ideal sería un disco en el pecho y otro en la
espalda, para no tener dudas de que la energía, el
shock o "choque", como lo llaman los médicos, atra-
viesa realmente el corazón, colmando la locura de esa
bolsa de gatos. Este choque, este método drástico, es
lo único que puede salvar la vida de un paciente que
entró en fibrilación.

Esos discos, conectados a una suerte de batería
especial desde la cual se estipula la cantidad de
energía necesaria, se llaman desfibriladores y son
–insisto– lo único capaz de volver a poner orden en el
músculo cardíaco que, luego del choque (si hay suerte),
volverá a latir con el ritmo habitual y la vida seguirá
siendo vida.

–Aunque no son estrictamente voltios lo que pasa
por tu cuerpo. Es una fuerza eléctrica poderosa pero
que se mide en joules. Ése era el apellido del fulano
que hace más de cien años encerró este tipo de energía
que ahora usamos para poner todo en su lugar... O en
su ritmo, para decirlo con más exactitud.

Rosita y Alfredo ya conocían toda la historia antes
de entrar en mi habitación, de allí que ingresaron "con
su blanca palidez" tal como el título de un muy bello
temas musical de fines de los 60, cuando yo ni soñaba
con que alguna vez en la vida me ocurriría todo esto.
Porque ésta es una de esas cosas "que le pasan a los
demás". Descubrí que formo parte de los demás, vaya
grupo.

–Oíme... Eso quiere decir que estuve muerto. Por lo
menos por un tiempo... ¿Cuánto tiempo? ¿Qué hice?
¿Dije algo?

Me estaba traicionando el vicio profesional de preguntar, de necesitar saber, de aprender para contar.
No para enseñar, que es cosa de maestros –benditos
sean–, sino para aprender y simplemente contar, que
es cosa de periodistas y escritores, que viene a ser lo

22

mismo salvo que unos tienen sueldo y los otros no.

–No se puede decir exactamente que estuvieras muerto.

(¿Por qué esa cosa tan profesional, tan médica, tan científica, aun con un amigo, Jorge? ¿Por qué aún todos los médicos del mundo polemizan sin saber con exactitud cuándo y cómo se puede determinar la muerte de una persona? ¿Cuándo se muere uno en realidad y por completo?)

–Lo que sí se puede asegurar es que sufriste un paro cardíaco y respiratorio.

–¿Mi corazón dejó de latir y yo de respirar? ¿Cuánto tiempo?

–No lo medimos con precisión. Alrededor de unos cuarenta segundos.

–¿No volvía de la...? Bueno, ¿de ese estado?

–No, no es eso. Una vez que se produce la fibrilación es necesario dejar que pierdas el conocimiento por completo. Hay que esperar y estar seguros de que tu corazón dejó de latir a ritmo y que has dejado de respirar... Si se te aplicara el defibrilador con toda su carga de electricidad y vos estuvieras aún consciente, sentirías un dolor enorme, sería muy traumático... Una vez que estamos seguros de tu inconsciencia se te aplica el choque y, aun así, hay que esperar algunos segundos para que vuelvas. A veces hace falta más de un choque... No en tu caso. Unos cuarenta segundos, sí. Y no dijiste nada ni hiciste nada. Si bien no puedo decirte que estuvieras muerto en el sentido médico de la palabra, tu corazón no latía y no respirabas, pero tu cerebro todavía funcionaba. No estoy seguro de que lo esté haciendo ahora...

Sí, lo estaba haciendo. Yo sentía una alegría que me desbordaba, como la espuma de esos vasos de cerveza de campeonato que tenían los alemanes para figurar en el libro Guinness de los Récords. Para empezar, me sentía algo así como un resucitado, lo que les aseguro que no es poco sentir. Después estaba el asunto ese que quería poner en claro hace unos cuantos párrafos, para que no existan suspicacias: yo había contado a

Rosita y a Alfredo todo lo que había sentido (y que más adelante contaré a ustedes con detalles), creyendo que había sido un sueño en medio de mi desmayo, lo que significa que no podía tener ningún tipo de influencia de creerme algo que había leído con anterioridad. Recién en ese momento, después de saber la verdad de lo ocurrido (verdad que los médicos confiesan no contar a todos sus pacientes, porque hay algunos que se impresionan negativamente y pueden deprimirse o empeorar su situación), recién entonces, decía, recordé que hacía muchos años había leído un libro de un médico norteamericano que se llamaba algo así como *La vida después de la vida*, en el cual se narraban historias de personas que habían pasado por mi misma experiencia y habían sentido emociones similares. Allí comenzó todo.

DOS

LOS VIEJOS INDICIOS

*Una hermosa muerte
honra toda una vida*
PETRARCA

LO PRIMERO QUE RECORDÉ FUE EL LIBRO DE MOODY, editado hacía ya quince años, *La vida después de la vida*. Al leerlo por entonces yo tenía poco más de treinta años: el tema me pareció apasionante pero a esa edad no se piensa en la muerte con tanta sensación de presencia. Sigue siendo algo que le pasa a los demás. Ya por los cuarenta y cinco, la muerte empieza a ser otra cosa no sólo por los achaques menores (presbicia, caída del pelo, canas, artritis reumatoidea, espaldas que comienzan a encombarse y toda esa basura que nos confirma que somos casi perfectos globalmente, pero de material descartable) sino también porque, de repente, advertimos que algo debe estar pasando porque se muere mucha gente que uno conocía. "El invierno debe haber venido más duro que nunca, este año", se dice uno sabiendo que –en el fondo– busca excusas para no tener que admitir la verdad. Pero los tíos, los amigos de la familia de hace años, el médico que nos trajo al mundo, aquella vecina que nos hacía pastelitos de dulce de membrillo cuando éramos chicos y los padres –lo más doloroso– comienzan a irse. Encaran el Gran Viaje. Se mueren.

Como si esto fuera poco, la época en la que vivimos

adelantó en muchos casos el reloj de la muerte y ya son contemporáneos los que mueren, ayudados por los nervios que este bendito país y este bendito mundo nos proveen cada mañana, con el diario o las facturas de la luz.

Mientras escribo estas líneas, estoy recordando que en los últimos días (¿quince? ¿veinte?) pareció existir como una epidemia de muerte de gente conocida por mí: mi querido Jorge Aragón, que no llegó a los cincuenta; Jorge Palli (de cuarenta y ocho, no fumaba y volvía de jugar tenis, cosa que hacía habitualmente); Bárbara Mujica, ataque cardíaco a los cuarenta y seis años; Jorge Vaillant, de Canal 13, a los sesenta y dos; Virulazo, a la misma edad, y mejor paro allí, porque hasta yo siento que esto pesa más de lo lógico.

El caso es que leer a Moody a los treinta es una cosa; leerlo a los cuarenta y cinco o más es otra, y leerlo a los cuarenta y cinco o más después de haber vivido una experiencia como la mía, ya ni les cuento. A propósito: ¿se podrá decir sin ser ilógico que una experiencia de muerte se ha "vivido"?

Pero hablemos de Moody. El primero en tirarse a la pileta con el asuntito éste de la vida después de la muerte.

En los 60 el bueno de Moody, que se ganaba la vida como profesor además de ejercer como médico y escribir cosas sueltas como filósofo, se entera de que en la Universidad de Virginia –donde él estaba perfeccionándose en filosofía– había un psiquiatra llamado George Ritchie que había contado por ahí alguna vez haber sufrido un gran accidente de auto y que, mientras duró su inconciencia (que incluyó un paro cardíaco) había tenido visiones cercanas a lo maravilloso. Algo fuera de lo común. Moody era un curioso incorregible y no soportó la idea de no escuchar la historia de su propia fuente. El psiquiatra por su parte, no lo deja con las ganas.

El accidente fue muy grande. Otro auto
apareció de pronto y ni siquiera tuve tiempo

26

de pensar en lo que iba a ocurrir, porque el hombre venía manejando a muy alta velocidad. No recuerdo ni siquiera haber oído el estruendo del choque, todo fue instantáneo. Lo que sí tengo claro es que me sentí a mí mismo saliendo de mi cuerpo y alejándome de él mientras no dejaba de asombrarme lo ensangrentado que estaba. Sentía como si volara lentamente, alejándome del auto abollado como una pelota de papel que uno tira a un canasto. Alejándome de mi propio cuerpo. Y no me causaba ninguna extrañeza que eso estuviera sucediendo. Le advierto que estaba sobrio y que no tomo drogas. Al mismo tiempo sentía que me acercaba a algo luminoso, indefinible. Y mi sensación era de éxtasis, de estar por sobre todo. Luego me sentí en lo que yo llamo "una ciudad de cristal de amor" de la que recuerdo hasta la más mínima piedra. Eran unas piedras de cristal dorado, que despedían luz y ampliaban mi sentimiento de serenidad y de un amor enorme, que no puede describirse con palabras. Moody, yo soy psiquiatra: ¿cree que podría estar inventando algo así? Lo único que lamento es que tampoco puedo explicarlo. Al menos racionalmente...

Moody se apasionó (el mundo es de los que creen), y mucho más cuando, habiendo comentado el caso, comenzaron a surgir otros similares. Es un fenómeno que me está ocurriendo en estos días: cuando la gente se entera de esta investigación y de mi experiencia, se me acercan o llaman por teléfono para contarme la suya o la de algún conocido. ¿Por qué no lo hicieron antes? Sencillamente ¿con quién? ¿dónde? ¿cómo? ¿En una de esas revistas donde lo que no es sensacional se ve transformado en tal gracias al oficio de un buen redactor? ¿Acaso en la tele, donde seguramente insistirían en poner de fondo imágenes terrorí-

fícas y luces estrelladas con música que acompañe?
No. Decididamente no. Yo que viví la experiencia sé
que uno adquiere por ella un enorme respeto, y lo
último que quiere es bastardearla. Por eso a menudo
muchos que la vivieron callan hasta con sus médicos.
Por eso y por temor a que lo puedan tomar para la
broma fácil: "Che, ¿y ovnis no viste?" "Dale, contá
cómo la pasan ahí ¿hay minas o no hay minas en el
paraíso, flaco?". Uno imagina eso y prefiere callar. Y
lo mismo –o muy parecido– cuenta Moody de los
principios en los Estados Unidos: incredulidad, in-
diferencia, seguridad de que se trataba de una pesadilla o algo así, palmaditas en la espalda por parte de
los médicos, que acompañaban el gesto con frases al
estilo de "muy bien, muy bien. Ahora descanse un
poco que ya habrá tiempo para hablar de esos sueños..." Y no eran sueños. Y Moody lo sabía. Pero le
costó mucho convencer a lo que hoy ya es un gran
movimiento humano, de que sí hay vida después de la
vida. Y la base de su éxito fueron los testimonios.
Recuerden el del psiquiatra Ritchie. Y ahora lean el
que sigue, perteneciente a RAMÓN COSTAS, periodista
marplatense de cuarenta y ocho años, a quien en
diciembre de 1989 un cura amigo le había dado la
extremaunción en la sala de Terapia Intensiva del
Sanatorio de la Sagrada Familia y que –sin embargo–
veinticuatro horas más tarde, en ese mismo lugar pero
completamente recuperado, pedía si le podían traer
agnolottis para el almuerzo. Conozco bien la historia,
ya que es mi cuñado. Por una enfermedad cardíaca
que viene arrastrando desde hace años y que –al no
dejar de fumar ni cuidarse como debía– se fue agra-
vando, llegó al punto de la extremaunción, ya que los
médicos habían bajado la guardia en nombre de la
ciencia. Ramón Costas –muy conocido en el ámbito
marplatense debido a su trabajo de periodista radial,
gráfico y televisivo– sufrió más de un paro cardíaco.
Tres en menos de diez días. Insisto en que recuerden
el relato del psiquiatra George Ritchie, hace unos
veinticinco años y a más de doce mil kilómetros de

distancia. Además Ritchie es protestante y Costas es católico. Esto contó Costas:

"En el primer paro cardíaco es cuando lo sentí por primera vez... Casi enseguida de perder la conciencia comencé a ver una ciudad hermosa en la cual todas las casas eran blancas, muy blancas... Y con formas que no son las tradicionales en una casa. Algo parecido a la construcción mediterránea, al estilo de Casapueblo en Punta del Este, pero tampoco. Eran muy blancas, luminosas, como transparentes de tanta luz. Veía cosas asombrosas, como muebles muy raros que la gente de allí veía sin duda con naturalidad. Había una pareja con dos chicos y el clima que se respiraba era enormemente placentero, de una gran tranquilidad, como que todo estaba bien... No identifiqué ninguna cara."

No hay gran diferencia entre la ciudad de cristal de Ritchie y la ciudad (ambos usaron la misma palabra) de piedra blanca luminosa de Ramón Costas. También hay otro punto en común en lo placentero, en la paz que en ambas "ciudades" se sentía tan profundamente. Ramón Costas repitió la experiencia en otro paro cardíaco, algo poco común eso de sentir dos veces la Gran Experiencia.

"La segunda vez fue casi idéntico lo que vi y sentí. Inclusive se agregaba un momento que también había experimentado la primera vez: tenía la sensación de que algo o alguien me hacía notar que ya era domingo y era entonces cuando yo volvía de ese lugar. Volvía y llegaba a otro, más mundano digamos, pero con muchas plantas, con mucho verde... Insisto: era como que TENÍA que volver, que aquello había sido solo una visita de fin de semana. Y volvía."

¿Volvía de dónde? ¿De dónde volví yo mismo cuando viví mi propia experiencia con muchas más sensaciones? ¿De dónde vuelven todos los que estuvieron "muertos" un ratito? A propósito: ¿cuánto puede durar ese *ratito*? Es decir ¿cuánto tiempo puede estar uno en la condición de paro cardíaco y aún tener posibilidades de retornar? Se lo pregunté a Jorge Wisner.

–El cerebro ya sabés que unos tres minutos, después de los cuales el daño suele ser irreversible. El corazón mucho más...

–Mucho más ¿cuánto? ¿Hay un límite?

–No está determinado con exactitud porque habitualmente el limitante es la actividad cerebral... A un paciente, con dos, tres horas de reanimación lo sacás. Y Corazón latiendo, funcionando normalmente. Pero a un paciente totalmente descerebrado, no hay posibilidad de recuperarlo. El músculo cardíaco es mucho más noble. Te diría que el límite, con masaje cardíaco ininterrumpido, debe andar por las tres horas...

–¿Tres horas? Pero quien se muere después es el que hace el masaje...

–No, porque intervienen muchas personas en un caso así. Se van rotando. El masaje debe ser fuerte y rítmico. Para que tengas una idea: un masaje cardíaco de media hora te agota a dos o tres tipos. Mientras haya posibilidades de sacarlo, hay que seguir, uno no puede entregarse. Hay que seguir y seguir...

Me acordé del relato de alguien que no necesita presentación ni currículum para que lo identifiquen: Luis Landriscina, ese "cacho de Chaco", que tan bien nos hace a todos solo por ser como es. Luis tuvo una experiencia, y cuando lo escuchaba a Wisner recordé parte del relato que más adelante vamos a reproducir en forma textual y completa: lo que vio, lo que sintió, lo que hoy siente. Recordé, decía, parte del relato de Luis. Aquella en la que me contaba que, en un momento dado, ya habían aflojado casi todos para devolverlo de su paro cardíaco-respiratorio. Todos se entregaban. Pero un enfermero no. Ése fue el que gritó que había que seguir y seguir, el que lo masajeó y golpeó en el pecho para que el corazón de Luis volviera a latir. Y el que lo salvó, gracias a Dios.

Lo que pasa es que sigue siendo muy difícil determinar el momento exacto del "no-va-más". El instante final. El segundo del Gran Pase en blanco de la Vida a la Muerte. Venimos con este problemita desde hace siglos. Un sabio benedictino del siglo XVIII, el Padre Feijóo, escribió por entonces que: "Nadie sabe cuál es la última operación que el alma ejerce sobre el cuerpo. Nadie sabe, tampoco, qué es lo que el cuerpo hace in extremis para tratar de mantener el alma con él, es decir para conservar la vida. Si se ignoran estas dos cosas, es imposible saber cuándo un hombre muere..."

Aún hoy se ignoran esas dos cosas.

En el siglo pasado Gaubert, en su obra *Les chambres mortuaires*, dice muy claramente y con todas las letras que en un solo año: "Comprobamos en Alemania catorce casos de muerte que solo lo eran en apariencia, ya que los supuestos cadáveres volvieron a la vida en plena morgue..."

Hay quue admitir que ahora es mucho más difícil que ocurra algo así, aún en países con un subdesarrollo de esos que hacen llorar. La ciencia es otra, y hasta los muertos cambiaron con los tiempos.

De todas maneras, hay costumbres –algo bárbaras, hay que reconocerlo– que llegan de lejos y que, entre otras cosas, existieron hace décadas para estar seguros de que el cadaver era en efecto un cadáver: los velatorios, por ejemplo, que deben llevarse a cabo por ley durante un mínimo de horas. Obsoleto como un cartel que diga "prohibido subir o bajar del tranvía en movimiento". Si no hay tranvías. Aquí pasa más o menos lo mismo: los motivos de la ley de velatorios ya no tienen sentido desde el punto de vista oficial de asegurarse de que el muerto está muerto. Sí lo pueden tener –y seguramente para muchos lo tienen– desde el punto de vista emocional, de una última despedida, pero eso ya es otra cosa y requiere otro análisis. La cosa pasa por los que quedaron y no por el que se fue.

¿Es realmente un homenaje el velatorio? ¿Es una obligación, un mito, una manera de decirnos íntimamente "nunca creí vivir más que vos"? ¿Qué significa esa estúpida y muy española veneración por el cuerpo, que hemos visto en los velatorios de amigos o en los de Eva Perón, Juan Perón, Bonavena, Balbín, Gardel y, en menor medida, de cuanto integrante de la farándula pasa al Otro Escenario? ¿De qué o a quién sirven? Acompañar a los que quedan se hace de otra forma, pero bueno, los argentinos somos así: honramos cuando ya no queda nada para honrar. Si lo que queda empezará a adquirir un repugnante olor en pocas horas más, lo que importa es lo otro, señoras y señores: el alma, el espíritu, el karma, el "mongo", si prefieren llamarlo así. Eso que hace posible que mis dedos se muevan sobre la máquina como bailarinas locas, que para algo me mandaron a las Academias Pitman cuando era chico. Eso que hace que ustedes puedan leer y hasta ordenar a su mano que dé vuelta la página cuando corresponde. Eso que hace que amemos, odiemos, lloremos, riamos, evacuemos más o menos a horario, suframos, gocemos, movamos las mandíbulas para masticar un trocito de vacío al horno o sintamos un cosquilleo especial cuando las palmas de nuestras manos acarician al ser querido. Sin alma, nada de eso es posible. Y el alma no se pudre. En este sentido, es un producto garantizado por todas las religiones y para toda la eternidad. Héctor Lucio era un delicioso y muy porteño personaje que venía a casa a arreglar cuanta cañería se embromara, porque Lucio era Plomero. Tenía unas tarjetas donde en el frente se anunciaba todo lo que era capaz de solucionar con sus conocimientos: *"Se arreglan garrafas, calefones, termotanques, estufas, cocinas."* Y en la parte de atrás, había puesto una leyenda de su invención que resume todo lo que hablamos sobre el tema. Decía, simplemente: *"Cuide su alma. No tiene service".*

Y el alma no reside en el corazón, como dan a entender Corín Tellado, los teleteatros de la tarde, la revista *Hola* y los boleros. El alma vive no sólo en todo el cuerpo, sino a nuestro alrededor –lo que suele llamarse "aura" y que hoy en día hasta se fotografía con una nitidez que dejaría a Merlín como un pobre mago de cumpleaños de siete–, pero su centro de operaciones es muy posible que resida en el cerebro, del cual no diré que es una maravillosa computadora porque lo han dicho tantos que me da vergüenza. Pero lo es ¿eh?

"A la final", como decían en mi barrio, "¿cuándo se muere uno?" ¿Al dejar de respirar? ¿Cuando el corazón se detiene? ¿Cuando el cuerpo se pone frío y duro? ¿Cuando da lo que los antiguos –me refiero a unos pocos años atrás– llamaban "el último suspiro"? ¿Cuando las pupilas permanecen inmutables bajo una luz que les apunta, como en las películas policiales? ¿Cuándo no hay más pulso? ¿Cuándo como se muere uno?

Desde un punto de vista netamente científico son tantas las polémicas y las controversias al respecto que bien puede decirse: "Má, yo qué sé". De todas formas lo que acá estamos intentando analizar es lo que pasa después de la muerte. Vamos a ello.

El Papa Inocencio III, cuando aún no había arribado a tan alta dignidad y era tan sólo el Cardenal Lothai e Conti-Segni, escribió en el siglo XII (hace ochocientos años, por si no se dieron cuenta), algo decididamente estremecedor para lo que es hoy nuestra investigación: "Todo hombre, bueno o malo, en el momento de dejar este mundo y antes de comparecer ante su Juez, ve aparecérsele a Nuestro Señor Jesucristo".

Esto casi tiraría por tierra nuestras visiones celestiales pero... Yo no pretendo ponerme aquí a discutir con un Papa, nada menos. Salvo que le llevo ochocientos años de conocimientos y cultura general (un tipo de clase media de hoy sabe más y vive mejor que Luis XV en su momento óptimo, ya que el pobre no tenía tele, ni penicilina, ni radio, ni aspirinas, ni albergues transitorios, ni ninguno de nuestros símbolos de progreso). Además los papas de esa época no eran como los que vinieron después. Por entonces los había hasta con amantes e hijos. Aunque no pretendo discutir con Inocencio III, la cosa no encuadra tan al pelo. ¿Los musulmanes también lo ven a Jesús? ¿Y qué tal los judíos? (Tengo unos cuantos amigos que se llevarían la sorpresa de su vida). Por otra parte es apasionante la idea de ver a Aquel que amamos justo al morir pero ¿por qué hecho hombre y no Hijo de Dios, todo Luz?

Mucho antes de Inocencio III, ya se hablaba del tema de qué ocurría al morir y –lo que más nos importa aquí– de los que regresaban de ese estado. Fíjense en Platón, sin ir más lejos (o, en realidad, yendo muy lejos ya que Platón murió trescientos cincuenta años antes de que naciera Cristo). El asunto es que en *La República* aparece en un momento dado lo que conocemos como "el mito de Er". Observen qué peculiar: Platón cuenta que Er era un soldado dado por muerto y dejado como tal, en medio de otro montón de cadáveres en el campo de batalla. Como era habitual por entonces para evitar las pestes, se formaba una hoguera gigante y se lanzaba allí a los que habían tenido la mala suerte de sucumbir en combate. A Er lo largaron a la hoguera pero vieron pasmados cómo el soldado se ponía en pie prestamente y saltaba fuera del fuego. Imaginen el susto de los que allí estaban. Y Er refiere lo ocurrido: sintió que salía de su cuerpo (oigan, estamos hablando de hace unos dos mil trescientos cincuenta años) y que se unía –su alma– con otros cientos de soldados muertos en esa batalla. Todos juntos llegaban hasta un lugar con mucha luz (otra vez algo de hoy), y allí había algo que hacía que todos revieran sus vidas rápidamente. Todos menos Er. A él se le dijo (lo hicieron unos seres superiores que habían recibido a todos) que debía volver, que aún no era su momento, que su misión era regresar y contar a todos lo que ha visto. Por supuesto, Er obedeció.

¡Platón ya había incursionado, en la Gran Experiencia, en el Viaje de Ida y Vuelta!

Algo notablemente parecido a lo del soldado Er, me fue relatado por su protagonista hace un par de años. Su nombre es ABRAM MANHAJMER (Abram así, sin letra hache intermedia), tiene sesenta y seis años y vive en el tranquilo barrio de Villa Luro, en la Capital Federal. Extracto parte de su relato, por momentos francamente escalofriante, y no tanto por lo que le toca a la muerte sino a la vida, si es que así podía llamársele a eso que transcurría cuando él tenía quince años y era prisionero de los nazis.

"A mí y a toda mi familia nos llevaron al campo de concentración de prisioneros de Auschwitz. Allí fue donde los nazis asesinaron poco a poco, uno a uno, a mi madre, mi padre y mis seis hermanos. Desde ese momento y hasta los veinte años, todo fue un infierno a mi alrededor. Fui trasladado de un campo de concentración a otro, y viví en el doloroso y feroz Gheto de Varsovia. En el durísimo invierno europeo nos sacaban a trabajar, a cavar zanjas, desde muy temprano y con muy poca ropa. Una camisa era un tesoro. Pero había que aguantar porque allí la ley era muy clara: el que caía enfermo o agotado era ajusticiado en el acto, asesinado de un disparo en la nuca y enterrado por los propios compañeros en una zanja cavada en la nieve. Mi trabajo consistía en enterrar a los cientos y cientos de prisioneros que eran asesinados en las cámaras de gas. La temperatura al aire libre, donde cavábamos las tumbas, era de casi treinta grados bajo cero. Pero el que caía, sabía que todo terminaba allí. A pesar de saberlo un día no soporté más. Caí. Agotado, vencido, con una fiebre terrible. Y me dejé estar mientras los demás compañeros seguían cavando y la nieve empezaba a cubrirme. Todos volvieron a las barracas. Recién advirtieron que yo faltaba cuando tomaron lista, a la mañana siguiente. Me buscaron con perros ovejeros y me hallaron cubierto de nieve y muerto. Sí, estaba muerto. Me cargaron en un camión con otros cadáveres enflaquecidos como yo y me llevaron hasta las barracas. Allí descargaron la pila de muertos (yo entre ellos) como si fueran basura. Y comenzaron a enterrarnos en la fosa común. Pero un compañero y un soldado nazi advirtieron en mí un parpadeo cuando estaban a punto de lanzarme a la fosa. "¡Éste vive!", gritaron. Me llevaron a la enfermería y en un par de semanas estaba otra vez en la nieve, cavando zanjas..."

Pero Abram Manhajmer fue más allá, si es que cabe, que su colega del mito de Platón. Fue más allá porque está más acá, apenas a casi medio siglo de aquel infierno en la tierra. Y porque relató con una claridad meridiana lo que había sentido mientras había estado "muerto". No tuvo dudas cuando rememoró:

"Mientras estuve muerto sentí una gran dulzura, algo que no puedo expresar con palabras. Vi luces muy fuertes a mi alrededor pero no me sentí agredido por ellas. No eran como las linternas o los reflectores que por la noche buscaban víctimas a quienes disparar. Eran luces cálidas, que abrigaban, no sé cómo explicarlo. Yo estaba... Se me hace difícil decirlo, pero yo estaba feliz en esa situación de muerto. Recuerdo que cuando estaba así sentía también voces que me reconfortaban, me hablaban con afecto, aunque yo no entendía muy bien qué cosas decían. También recuerdo que cuando mi compañero descubrió que había vuelto a la vida sólo por el calor que me dieron los otros cadáveres adonde me amontonaron, me sacudió y me dijo que tenía que regresar, que la vida lo era todo, a pesar de lo que nos pasaba, que volviera para defenderme. Yo, en ese momento, no lo entendí como lo haría ahora, que vivo en la Argentina desde hace tanto y con tanto amor. No imaginaba que iba a tener hijos, nietos, empresas, un país. Por eso lo miré y recuerdo que lo único que le dije es ¿por qué no me dejaste donde estaba? Allí estaba bien, en paz. ¿Por qué no me dejaste?..."

Afortunadamente, al Nº 133.649 (que aún tiene grabado a fuego en uno de sus brazos) no lo dejaron. Por eso se casó, vive en Argentina, tiene hijos y nietos, se dedicó a la artesanía en pieles. Vivió. Y se transformó en un testimonio más de este libro.

El caso de Manhajmer es muy parecido al mito del soldado Er, de Platón. Y muy parecido a lo que sintió un cabo de ejército durante la guerra de Malvinas. Un cabo al que le prometí no mencionar su nombre, a pesar de que en este libro todos los testimonios son con nombre y apellido. Pero el cabo merece la excepción. Él y tantos otros que pasaron por algo similar o que allá quedaron. (El soldado Er, el prisionero de guerra Manhajmer, el cabo de las Malvinas... Todas las guerras, en todas las épocas son iguales: basura. Basura que comienza a formarse en los escritorios de los que NO van a morir y termina en las trincheras de los que ni siquiera saben por qué están muriendo). En Vietnam fueron muchos los combatientes que estuvieron a punto de morir y que vivieron la Gran Experiencia.

Nuestro Vietnam fue Malvinas.

"A mí me tocaba defender con mi pelotón una de las entradas posibles a Puerto Argentino. El aeropuerto lo manejaba la Fuerza Aérea y las costas la Marina, que tenía cañones de 155 mm. pero que eran al pedo, perdone

la expresión, porque tiraban y no llegaban ni
por joda a acercarse a los barcos que teníamos a la vista. La cosa venía mal para
nosotros. Escuchábamos las radios de Buenos Aires y parecía que éramos todos Rambo.
Pero la verdad es que nos cagábamos de frío
porque estábamos con borceguíes en lugar
de botas, por lo menos nosotros, no sé los
demás porque todo era muy desordenado y
cada cual obedecía a su arma como podía.
Pero todo eso ya no sirve. Lo que usted
quiere saber es otra cosa..."

Era cierto, pero la fascinación que me produce el
tema Malvinas es tan grande que no puedo evitar ese
otro testimonio de vida, más que de muerte. No sé a
ustedes, que tal vez olviden rápido como la mayoría de
la gente, pero a mí, Malvinas me marcó, me dio un
sopapo que dejó aún mi mejilla colorada. No por
perder, ojo, que no se trataba de un partido de fútbol.
Por morir. Por quienes murieron. Por cómo murieron.
Por las pelotas grandes como catedrales góticas que
demostraron la mayoría, empezando por los aviadores.
Por el respeto que generamos en el mundo aún perdiendo.
Por la dignidad y el honor, que tanto aprecio. Por los
padres de los que allá quedaron y con los que --en más
de un caso– me abracé llorando a sus hijos, que eran
los míos.

¡Santo Cielo!, como me voy de tema.

Pero la vida es eso. No puede haber una cajita
donde todo se vaya poniendo en su lugar odenada-
mente. La vida es un adorable desorden donde todo se
mezcla, se confunde, se mimetiza, se siente.

Es linda en serio. La vida digo. Es linda con ganas.

Y lo estoy diciendo desde este libro que trata curiosamente de la muerte. Tal vez por eso valga más
decir lo bella que es la vida.

"Lo que usted quiere saber es otra cosa", me decía
el cabo mientras almorzábamos en un carrito de la
Costanera. Y siguió:

"No sé de dónde vino la cosa. Fue de repente. Estábamos a eso de las ocho de la noche tomando unos mates cuando empezó todo. Le cuento que a esa hora, en las islas es noche bien cerrada, no se ve nada. Nosotros no habíamos encendido fuego abierto ni nada de eso, para que no nos ubiquen, claro. Pero los gringos nos ubicaron igual. Después supe que tenían como unos anteojos con los que veían de noche como los gatos. El asunto es que empezaron a tirarnos con todo, especialmente morteros y balas seguidoras, que marcaban líneas amarillas en el medio de la noche y hubieran sido lindas si no fuera porque uno sabía que mataban a compañeros. Yo sentí un golpe como si me hubieran pegado con un tablón en la espalda, así, tal cual. Fue una esquirla de mortero. Y ahí nomás me desmayé, caray, quién lo hubiera dicho. Me enteré después que la esquirla había rozado no sé qué del corazón. El asunto es que fue como si me durmiera de un saque. Primero todo negro, después la luz esa como en el fondo de un aljibe, y enseguida empecé a ver a mi abuelo primero (yo lo quería mucho al viejo), después a mi papá que también murió pero hace dos años, después a unos tíos y a otra gente que no conocía o a la que no recordaba. Pero todos me trataban bien. Y yo me sentí fenómeno. Una tranquilidad, una cosa seria. Ya la guerra, que a mí me había calentado al principio, me parecía medio una boludez. Perdone que le diga así ¿no? pero es la verdad. Todo era medio pavo: estar ahí en medio de esa porquería de barro y de fuego; no tener cerca a los pibes y a mi señora que estaban en Corrientes, nada que ver; y yo me decía qué hago acá, después de todo. Sentí una calma que me dije: qué joder, esto es de locos. Pero me desperté en el Hospitalito de Puerto Argentino, todo vendado, con un dolor bárbaro en el cuerpo. El cabo de enfermería me miró y me dijo: 'te salvamos la vida, macho, ya estabas más del lado del arpa que de la guitarra'. Me acuerdo que lo miré y le dije, pero sin rencor: 'andá a cagar'. Ahora le pido disculpas... Tengo que andar en silla de ruedas toda mi vida, porque me pegaron en la columna, pero a ese cabo le pido disculpas. ¿Qué tenía que ver él? Lo que pasa es que estaba tan bien allí, en la muerte. Pero tan bien..."

Soldado Er de Platón, mi judío del holocausto, mi cabo de las Malvinas, el pobre tipo de Vietnam. ¿Valía la pena volver? Aunque suene de locos, sí. La vida siempre vale la pena, aun cuando la muerte se nos aparezca como bella.

A propósito: creo que por las dudas (nunca se sabe qué tipo de enfermo mental puede estar leyendo un libro, ya que los libros son accesibles a cualquiera, qué peligro, habría que prohibirlos) es bueno aclarar algo. El suicidio. Todos los autores que mencionan la Gran Experiencia cuentan que a los suicidas, nada que ver. Que en lugar de las sensaciones maravillosas de los muertos por otras causas y vueltos a la vida, los suicidas que llegaron hasta los umbrales de la muerte y fueron rescatados (pastillas, venenos varios, disparos que hirieron pero no mataron, etc.), tuvieron unas sensaciones espantosas. Miles de caras de gente que conocieron en vida se les aparecían para recriminarles no haber cuidado su mejor bien, la Vida. Terribles ángeles del infierno o cosa parecida, les hacían sentir los dolores morales más grandes que un ser humano pueda soportar (sensación de la muerte de un hijo, amputación de miembros, ceguera total, desprecio de todos).

La muerte –según se desprende de este libro–, es

bellísima siempre y cuando uno no sea tan tonto como para provocarla. Eso no lo perdona ninguna religión, ninguna filosofía.

Como dijimos ya hace un tramo: uno nunca sabe. Pero el suicidio parece ser el pasaporte al infierno. Y digo uno nunca sabe recordando una anécdota (y una curiosidad) que siempre me llamó la atención. Algo a lo que nunca encontré explicación y me apasionó, como todo lo misterioso.

El 18 de febrero de 1937, el enorme cuentista uruguayo Horacio Quiroga decidía suicidarse debido a un tumor maligno que, por entonces, no le dejaba ni la menor chance y lo destruía de dolor. Al enterarse de la noticia del suicidio, su colega Leopoldo Lugones sólo dijo con tristeza y a guisa de epitafio: "Lástima... Un hombre como él y decidió morir como una sirvienta..."

Exactamente un año más tarde, el 18 de febrero de 1938, ese mismo Leopoldo Lugones se suicidaba de la misma manera, bebiendo cianuro.

¿La fecha fue una casualidad? ¿La buscó especialmente, a pesar de no haber sido amigo íntimo de Quiroga? ¿El destino dio una gran risotada? ¿Aquella soberbia se pagó con una exactitud de usurero?

Nunca se sabe, como digo.

Nunca le conté a mi hija Rocío esta historia, porque me pareció demasiado macabra para sus doce años. Pero siempre le reiteré la del *Titanic*, para que aprenda que la soberbia dura tanto como un flato en un canasto de mimbre. "El único barco insumergible del mundo. No puede hundirlo ni Dios...", decía la publicidad. Hablaba de los compartimientos estancos y todo eso. No podía hundirlo ni Dios. Pero no hizo falta llegar tan alto. Un iceberg lo abrió como a una almeja en 1912, precisamente en su viaje inaugural. El "insumergible" no llegó a cubrir ni siquiera un viaje sin hundirse. La soberbia se paga.

Y –volviendo al tema– suicidarse es un acto de extrema soberbia. Dios nos da la vida y nosotros tenemos la obligación de defenderla. Dios nos da un derecho: vivir. Y nosotros tenemos un deber: vivir. Morir depende de alguna forma de los dos: Él pone el momento, nosotros la dignidad. Ambas cosas son importantes, no me diga.

Pero ya va siendo hora de hablar de los que "se murieron". Algunos sintieron la Gran Experiencia, otros no. Lo que vale es que lo que sigue --como todo el libro-- es rigurosamente cierto, grabado y certificado. Pasen, nomás, a la Gran Experiencia hoy.

TRES

LA NOVIA DE LA MUERTE

*Aquel que enseña a los
hombres a morir les ense-
ña al mismo tiempo a vivir.*

MONTAIGNE

No es fácil encontrar gente que haya pasado por la gran
experiencia y esté dispuesta a contarlo, tal como lo
harían con las bobas alternativas de su último veraneo
en Mar de Ajó. Entrevisté a muchos pacientes y debo
admitir que en muchos sentí sobre la piel –y tantos
años de hacer periodismo difícilmente fallen– que no
mentían, cuando todo lo que lograba sacarles era una
casi nada. Todas las investigaciones –no sólo las pe-
riodístico-literarias sino, lo que es mucho más peligroso,
las de tipo científico– parecen comenzar con fracasos.
Es como si el destino quisiera desanimar al fulano que
desea meterse en el "más allá" de la cosa. Como si
fuera una advertencia al estilo de "Quedate quieto",
"No te metás", "¿Para qué complicarte la vida?", "Si
otros no lo hicieron ¿por qué vas a hacerlo vos,
pavito?". Pero uno es un pavito y se mete. En especial
porque no soporta la curiosidad, porque no está dispuesto
a dejarse estar y a esperar que al cuerpo lo abriguen
en madera para intentar –entiéndase bien: INTENTAR–
saber qué pasa cuando ya no pasa nada.
    Esta investigación no podía ser diferente a las demás.
Primer caso:
    –¿Su nombre completo cómo es?

–Rogelio Medina. Rogelio Domingo Medina. Estamos en el Sanatorio Güemes, séptimo piso, Terapia Intermedia.

Rogelio Medina está sentadito en el borde de la alta cama, típica de sanatorios u hospitales (¿por qué serán tan altas, siempre? ¿esperan que caigamos y nos desnuquemos durante la noche para tener un problema menos a la mañana siguiente?) Sus pies cuelgan en el aire. Me recibió con cierta alegría. Algo que descubrí –fueron muchas cosas– a lo largo de esta investigación, fue que todos los enfermos, oigan bien: TODOS los enfermos tienen como una suerte de necesidad desesperante de contar lo que les pasó y lo que les pasa. Arrancan desde el principio: "Lo primero que recuerdo es un dolorcito aquí... El médico del barrio me dijo que..." Y así siempre. Contar, comunicarse, ser tenidos en cuenta. Después de todo no es ni más ni menos que lo que le pasa también a los absolutamente sanos, Dios los bendiga, si ellos supieran la suerte que tienen, los muy idiotas que no lo advertirán hasta que aparezca ese dolorcito, ese tumorcito, ese bloqueíto de coronaria, o cualquiera de las. decenas de pequeñas basuritas en el ojo de nuestra salud que nos llevan al Otro Barrio.

Pero otro era el tema. El enfermo –mucho más si está internado– necesita hablar y, por sobre todo, que lo escuchen. El Sanatorio Güemes me sorprendió, porque comprobé que allí tratan a las personas como personas. Casi mágico. Otros también lo hacen, claro, pero no son mayoría.

–¿Le puedo preguntar la edad, Rogelio?

–Setenta y dos años.

En rigor de verdad se lo veía espléndido. Muy bien para su edad y enfermedad. Jubilado de Comercio, relojero de profesión, me había saludado y reconocido desde el principio en virtud de los veintidós años que llevo de trabajar en televisión (a veces con cosas maravillosas, otras con pavadas sublimes pero trabajar, dejarse ver, ser un muñequito más de la pantalla familiar).

A pesar de saber que era yo, que estaba hablando con un periodista, que había dado su aprobación para publicar su testimonio de acuerdo a la grabación de audio, Rogelio –casi enseguida– comenzó a llamarme "doctor". No sería el único caso. Pasó con varios que me saludaban como al fulano de la tele y, muy poco después, en medio de sus confesiones patológicas, me llamaban "doctor". Cualquiera que no esté en pijama y en pantuflas, que no coma lo que le dan sin poder elegir, que entre y salga cuantas veces quiera, que palmee con algo parecido al afecto y que hable más o menos en serio, es "doctor". Veinte días atrás yo había estado en el mismo piso del mismo sanatorio que Rogelio. Y en su misma situación de pijama y pantuflas. Pero ahora él, que sabía que yo había compartido su piso y su situación, me veía vestido y visitándolo y –sin darse cuenta– me decía "doctor", ¡con todo lo que me hubiera gustado!, si Rogelio supiera. Tal vez por eso no lo corregí.

–Yo ya me había jubilado, doctor, pero seguía trabajando porque me gustaba... Hasta que me vino el asunto este en el 79...

El "asunto este" fue una fibrilación. Ya contamos qué es.

–Me dio en un día domingo y me llevaron al Hospital Argerich. El médico de guardia se extrañó cuando me vio y me examinó.

–Claro, pero seguro que no había fibrilado aún porque la cosa hubiera sido mucho peor seguramente.

–Creo que no, doctor, me parece... Lo que el médico dijo es que había llegado a trescientos pulsaciones por minuto.

–Entiendo, Rogelio, pero lo que yo le pregunto es cómo fue cuando le pasó lo mismo que a mí, cuando se "murió" así, con comillas.

–Eso fue aquí en el sanatorio. Me parece que fue en el 82. Me traían al séptimo piso en el ascensor y allí me empecé a sentir mal, mal, mal.

–¿Perdió el conocimiento?

–Nunca supe si fueron sensaciones o qué. Yo escuchaba como de lejos que el médico me preguntaba qué quería dejar dicho a mi familia. Y yo lo que veía era un aparato que giraba sobre mi cabeza.

Yo sabía que de ninguna manera podía inducir las respuestas, porque todo perdería valor. Sabía que debía dejar que cada paciente hablara solito, sin ayuda, tal como lo sintiera, cantar "a capella", sin acompañamiento. Sin embargo, recordando mi propia experiencia y la de muchos otros que había leído, se me escapó:

–¿Un aparato brillante, luminoso, bello?

La simplicidad y sinceridad de Rogelio me dieron un sopapo.

–Giraba sobre mí y yo no pude hablar más.

–Pero ¿era luminoso, brillante?

–Algo como si fuera un disco que aparecía ahí, giraba sobre mí...

–Pero ¿cómo era?

–Un disco. Giraba ahí. No me acuerdo de nada más.

Un rato más de charla inocua y fin de la entrevista. Todo empezaba con una especie de fracaso. Había estado "del Otro Lado", pero sólo recordaba un disco que giraba sobre él. Nada que ver con lo que yo había sentido, y mucho menos con las experiencias que Raymond Moody contaba en su libro en 1975, como por ejemplo:

–Me ocurrió hace dos años, cuando acababa de cumplir diecinueve. Conducía el coche para llevar a su casa a un amigo, y en una intersección no vi que viniese coche alguno. Avancé y oí que mi amigo gritaba con todas sus fuerzas. Entonces vi a un auto que se abalanzaba por la bocacalle hacia nosotros y el estruendo fue enorme. Por un instante me pareció atravesar un espacio cerrado y oscuro. Fue todo muy rápido. Luego me sentí flotando a un metro y medio por arriba del coche. Vi que la gente corría hacia el auto accidentado y vi a mi amigo en estado de

shock salir de entre los hierros. Me vi a mí mismo en el sitio del conductor, apretado por la chatarra, y noté cómo la gente se desesperaba por sacarme de esa situación. Vi a mis piernas retorcidas y sangre por todas partes. Pero no sentía dolor. Sólo miraba aquello como un observador.

Dios mío, cómo envidié a Moody. Ansioso como todo investigador sobre lo que sea, yo quería encontrarme ya con relatos maravillosos y sólo me enfrentaba con el disco de Rogelio. ¿Era posible que los americanos pudieran superarnos hasta en la muerte? Admito que me dolía la idea. Raymond Moody, en su libro –el primero que habla del tema, en 1975– no consigna un solo nombre y apellido en sus ejemplos. Sencillamente dice cosas tales como "un paciente de Minessota contó que...", y allí la historia. Pero sin identificación. Yo prefería buscar nombre y apellido por dos razones fundamentales: la primera, por rigor periodístico a secas, porque me siento mejor; la segunda, porque el argentino no cree en casi nada. Está tan harto de que le cuenten versos poéticos pero poco prácticos; emociones que no son tales; sentimientos que esconden cuentas bancarias en el extranjero; ejemplos que huelen a inventos. Por eso –salvo casos excepcionales en los cuales los pacientes, por razones personales que no tengo derecho de analizar, han pedido que no se publiquen sus datos personales– el resto de los entrevistados figura con su nombre y apellido.

Inmediatamente después de mi experiencia nació este libro. Necesitaba casi con desesperación contar lo vivido, compartir ese momento mágico, sentir que a alguien podía servirle todo esto ya no como una fría investigación sino como una ayuda, para recibir una muerte que tal vez pueda estar rondando por allí ahora mismo.

Un enfermo terminal pero lúcido, o un familiar o amigo de alguien muy querido que puede haber muerto no hace mucho, quizás se sientan mejor si se acercan a la "certeza" de que en el Otro Lado –como veremos– no hay hechos traumáticos, terribles y dolorosos sino –por el contrario– es el "Gran Sitio de la Paz y la Belleza". A mí me hace sentir mucho mejor imaginar que mi padre, mis abuelos, mis amigos ya fallecidos están en un lugar donde sienten aquello, que es demasiado bello como para se pueda expresar con palabras.

Me hace bien imaginar a mi amigo Jorge Aragón, que detuvo su corazón lleno de flores mientras yo escribía estas líneas, imaginarlo –decía– con su sonrisa entre pícara y melancólica y su melena canosa despeinada, espiando por detrás de mi hombro lo que ahora escribo sobre él, llamándome "gallego loco", y viviendo en ese estado de perfección que es un regalo de Dios. No me cuesta mucho trabajo imaginar todo esto pero admito que mi fe, que hasta ahora es grande, mucha e inamovible, me ayuda infinitamente. Yo hubiera sentido lo mismo sin la experiencia que viví, sin la Gran Experiencia. Pero ahora tengo algo así como una prueba, un pedacito de muerte que mostrar para tranquilizar a los que no están tan tranquilos. Tengo –apenas– un confite para demostrar que estuve en la fiesta de bodas. Pero conozco a mi pueblo –al que adoro– y sé que es a veces ferozmente crédulo y otras tristemente escéptico. Lo malo es que, a menudo, es una cosa cuando debería ser otra y viceversa. Por eso, por amor y desconfianza sé algo con seguridad. El confite no alcanza.

Era imprescindible reunir más casos con nombre y apellido, en la medida de lo posible. Era también imprescindible reunir opiniones de nombres que no admiten discusión ya no en el país, sino en el mundo.

Los norteamericanos pueden darse el lujo de publicar varios libros sobre el tema sin tener que recurrir a grandes profesionales, ni –lo menos que se les puede pedir– mencionar los nombres y apellidos de sus entrevistados. Nosotros, los argentinos, siempre partimos de ser sospechosos de algo. Cualquier cosa que iniciemos debe tener como cimiento nombres, apellidos, números de documentos, vacunas internacionales, patentes inobjetables y sello y firma de escribano público.

Por las dudas, aquí –por los que opinan, por exhibir nombres de los afectados en la mayoría de los casos, por contar con famosos entre los pacientes, por la propia e ineludible experiencia– damos certificado de todo. No intento convencer a nadie de nada. Sólo mostrar.

Y eso no es poco.

Juan Carlos Lofiego, de cincuenta y ocho años de edad, me brindó el siguiente testimonio:
–Yo empiezo a descomponerme. Mi cuerpo empieza a vibrar. A temblar. Y me voy. Me voy en un pozo negro, como si me fuera cayendo por un tobogán del que quiero salir pero no puedo. Llamo a mi hijo porque me parecía que él estaba allí y le digo "Mirá: te dejo el auto."
–Perdón. ¿Estaba su hijo ahí?
–No, no estaba, pero yo creía que sí. Y digo: "El auto te lo dejo a vos. Cuidame a mamá y cuidá la casa, que es lo único que tenemos."
–¿En qué lugar estaba cuando ocurre todo eso?
–En la clínica. En Mercedes, provincia de Buenos Aires. El asunto es que, cuando yo digo esas cosas, que se las digo al aire, siento a la enfermera llorar. Me doy cuenta de que el médico residente me saca la ropa y entonces...
–Pero, si se da cuenta de todo eso quiere decir que estaba consciente.
–Hasta ahí sí. Pero enseguida yo sabía que me iba muriendo... En los últimos momentos el médico me pedía que hablara, pero la lengua mía ya no respondía, no sé si me entiende... Y ahí me fui...
–Exactamente desde allí ¿qué fue lo que sintió?
–Me morí. Sentí que me había muerto. Todo era negro y no había ningún sonido. Lo que recuerdo

clarito es que me caía en un pozo y no tenía de donde agarrarme. Yo sentí que me había muerto. Me quedé ahí. Tendí a agarrarme de algo pero todo se puso negro. Lo único que sí recuerdo es que, cuando volví a ver *(sic)*, la agarré a la enfermera del pelo y le dije "Negra, me salvaste la vida".

–Pero antes de eso, antes de volver en sí, ¿qué sintió, qué soñó?

–Ah, lo que me acuerdo bien es que me vi a mí mismo en mi velatorio.

–¿Su velatorio?

–Sí, yo estaba ahí en el cajón y la gente lloraba. Yo me veía a mí mismo en el cajón como si nada.

–¿No vio otra cosa, no escuchó otra cosa?

–Un zumbido. Un zumbido muy fuerte. Nada más.

No aguanté la presión y pregunté algo que --en realidad– estaba induciendo. La pregunta mal hecha obligaba a una respuesta no muy confiable, pero ya no daba más, yo estaba ávido de misterios.

–¿No vio una luz, alguna luz?

–Sí, creo que sí. Una luz, pero en el fondo del pozo negro. Una luz chiquita allá en el fondo. Lo que sentía clarito es que me iba, me iba, me iba... Como si me estuviera cayendo.

–¿Algo cambió en su vida, desde entonces?

–No, no creo. Yo siempre estuve aferrado a mi familia... Ahora sigo igual.

–¿Le tiene más o menos miedo a la muerte?

–Siempre le tengo miedo a la muerte. No sé. Siempre es igual.

El hombre es Juan Carlos Lofiego, de cincuenta y ocho años. Recomendó especialmente que contara que es de Mercedes, Provincia de Buenos Aires. Tampoco era una experiencia total ni cosa parecida. ¿Por qué algunos sentíamos algo y otros no? Era el segundo paciente y me estaba decepcionando. Pero yo era un tonto. Más de lo acostumbrado.

Al buscar hasta el último rincón toda la literatura que hubiera sobre el tema me enteré de un par de cosas interesantes y alentadoras.

George Gallup Jr., heredero de la más famosa empresa de encuestas en el mundo entero, la más confiable, organizó en 1982 una investigación especial sobre la vida y la muerte en los Estados Unidos. Uno de los datos más asombrosos arrojados por aquel estudio, dejó en claro que nada menos que ocho millones de norteamericanos habían pasado por lo que yo hoy llamo la Gran Experiencia. Ellos le dan otro nombre. Grandes amantes de las siglas y de la exactitud, adoptaron para ese "viaje de ida y vuelta a la muerte" (fibrilación, paro cardíaco, paro respiratorio) las iniciales con que Moody bautizó el fenómeno en 1975: NDE. Todo el que "moría" y era recuperado pasaba por una NDE, iniciales de la exacta frase de Moody: *Near death experience* (Experiencia Cercana a la Muerte). Perfecto. Sin mentir, sin exagerar, sin alardear. Nada de "volver de la muerte", o de llamar claramente "muerte" a ese estado, cuando todavía hoy hay polémica sobre el tema. NDE significa "cercano a la muerte". Y es correctísimo. Claro que la historia explota con Moody, pero no comienza con él. Comienza con una mujer.

Helen Schwarz llevaba realmente una mala vida a fines de la década del 60 y principios de la del 70. Vivía en Chicago y sufría dos grandes dolores: la locura de su marido, que propinaba terribles palizas a uno de sus hijos, y un cáncer terminal que la acosaba como un fiera. Uno era un dolor espiritual, moral, psíquico. El otro era más directo e impiadoso, físico. Ambos eran mucho para cualquiera, y también para ella.

Se hallaba internada por enésima vez con su dolor corporal en auge, y su dolor psíquico hincándole un cuchillo en su cerebro; no dejaba de imaginar qué estaría pasando en ese momento en su humilde casita, entre su esposo demente y su hijo víctima. No aguantó más.

*–Lo último que vi fue a la enfermera junto
a la cama. Después cerré los ojos, todo se puso negro y me di cuenta de que estaba muriendo... No tuve ni siquiera tiempo para pensar
en ello: enseguida noté que estaba flotando en
el aire, alrededor de la sala aquella. En lugar
de asustarme, me sentí muy, muy tranquila.
Era como si fuera lo más normal del mundo
andar flotando por los techos. No me puse especialmente mal ni siquiera cuando, mirando
desde allí, no sólo vi a la enfermera muy nerviosa sino que me vi a mí misma, a mi cuerpo
quiero decir, quieta, muy quieta. Enseguida vi
cómo llegaba bastante gente con guardapolvos
de médicos y enfermeras. Me rodeaban, me habían abierto la bata y uno de ellos estaba mon-
tado sobre mí y hacía fuerza con las dos manos sobre mi pecho. Yo tenía la impresión de
que no había nada de ellos que no supiera.
Hasta sentía en la mente de una de las enfermeras que parecía muy nerviosa, el sonido de
una canción bastante alegre que ella parecía
estar pensando mientras pinchaba mis venas
con agujas para inyectarme algo. Todos estaban
muy nerviosos, pero yo me sentía mejor que
nunca y no quería que esa gente me reanimara.
Yo deseaba que dejen en paz a mi cuerpo y
bajé para decírselos, pero parecía que no me
escuchaban. Entonces quise aferrar de un
brazo a uno de ellos, y me di cuenta de que
mi mano o lo que yo sentía como mano lo
traspasaba. En una palabra: yo podía verlos a ellos y escucharlos hasta en lo que pen-
saban, pero ninguno de ellos podía verme ni
oírme a mí. Eso sí me impresionó bastante. Tanto que entonces sí preferí perder la
conciencia. Y todo se volvió negro...*

Quien escuchó atentamente todo el relato fue la
doctora Elizabeth Kübler Ross, quien por entonces

tenía cuarenta y cinco años y era admirada por un grupo reducido de médicos, y detestada por una nutrida multitud de profesionales en el arte de curar. Porque Elizabeth Kübler Ross (nacida en Zürich el 8 de julio de 1926, año en que se inventaba el cine sonoro), tenía una vida de película. Desde joven había viajado por el mundo y se había alistado voluntariamente en cuanto lugar se necesitara una enfermera con agallas, una luchadora del lado de la vida, un hombro donde llorar. Estuvo con Albert Schweitzer en África; luego en la India en sitios donde la medicina era casi una blasfemia; recorrió Europa pero siempre en los peores lugares (allí donde nadie quería siquiera pasar la noche), que ella elegía para pasar meses de su vida regalando lo que sabía e inventando lo que ignoraba.

A mediados de la década del 60 y luego de haber vivido lo que muchos ni siquiera sueñan por temor, Elizabeth Kübler Ross –ya recibida de médica y habiendo ejercido en lugares donde debía luchar literalmente a patadas con las ratas, para defender a pacientes que se orinaban encima sin que a nadie le importara demasiado– aparece en Denver, Colorado. Es la asistente –joven, flacucha, inquieta, inteligente y rebelde– del psicofisiólogo Sidney Margolin, un personaje maravilloso que vivía obsesio.:do por la relación existente entre las enfermedades y las emociones. Lo que hoy llamamos "somatizar" hasta los más ignorantes del vocabulario médico –como es mi caso–, y lo hacemos con una naturalidad tal que damos la impresión de conocer el tema hasta en sus últimos secretos. Pero no es fácil ni siquiera ahora. Imaginen lo que sería a mediados de los 60. Difícil pero apasionante.

Los médicos internos del Instituto de Denver aman al doctor Margolin, quien con idioma especial y directo les abre puertas que ellos desconocían. Todos los meses, Margolin les da una charla. Pero esa semana debe viajar y, sencillamente, sin mucho protocolo (y muy posiblemente con toda intención de largarla al ruedo), le anuncia a Elizabeth Kübler Ross que será ella la encargada de encarar a un centenar de médicos internos, y que el tema de la conferencia también lo elegirá ella misma.

No es difícil imaginar los estremecimientos que estos anuncios provocaron en la joven médica. Pero ella no estaba hecha para abandonar desafíos. Buscó desesperadamente un tema que fuera lo suficientemente fuerte como para que la impresión que sintieran los internos al verla subir a ella al estrado en lugar de ver a su amado profesor, se atenuara algo apenas comenzara a hablar. Pero no lo hallaba. Hasta que de pronto, el tema aparece: sería "la muerte". Una locura. Hablarles de la muerte a un centenar de médicos era una verdadera locura. Los médicos no desean hablar del tema. Más aún, yo mismo comprobé en decenas de entrevistas y charlas informales que nadie teme tanto a la muerte como los médicos. Llegué a pensar que tal vez muchos de ellos se hicieron médicos precisamente por ese miedo oculto (o no tanto) a la muerte. Se lo dije a un psicoanalista amigo. Se rió un poquito, levantó las cejas, se rió otro poquito y pidió por el intercomunicador que nos trajeran café. "¿O preferís té?", me preguntó cambiando de conversación y sin darme ninguna respuesta ya que --yo lo había olvidado– él también era médico. Temen a la muerte propia y detestan a la ajena, contra la que luchan con todo lo que pueden, y si ella les gana, lo toman como una derrota personal, como si algo se burlara de ellos. Sienten, ante un paciente que se les muere, lo que siente Maradona al errar un penal. Y esto no es blasfemar ni minimizar el tema: es tratar de mostrar con un ejemplo diario y popular el terrible sentimiento de frustración de un médico cuando la muerte le gana una partida. Es, también, una forma de ubicarnos en el Instituto de Denver, frente a unos cien médicos internos que llevan muy arraigado ese sentimiento, más el del temor por su propia desaparición. Con apariencia de escépticos y de estar más allá de casi todo, los médicos son unos niños grandes que juegan juegos peligrosos y a veces se asustan. Eso sí: no pueden demostrarlo. Son como las azafatas que, en medio de una turbulencia de aquellas que hacen época, caminan como pueden por el pasillo del avión, golpeándose hasta el pelo en cada bamboleo, pero siempre sonriendo. Aunque por dentro recen o puteen (depende de su educación y de sus creencias), por fuera siguen sonriendo, para que la histeria no sea aún mayor. Traslademos la cosa a los médicos: un fulano visita a uno, se deja revisar, ve que el médico lee sus análisis, y, al fin el fulano es traicionado por su propia ansiedad.

–¿Y, doctor? ¿Cuánto me está quedando de vida? –bromea. (Otra vez la broma, el humor como descarga de momentos difíciles.)

Entonces el médico –de quien el otro espera una sonrisa y otra broma como respuesta– baja la cabeza, refriega sus manos sin animarse a mirar al fulano a los ojos, comienza a temblar casi imperceptiblemente y de pronto tapa su cara con ambas manos porque acaba de echarse a llorar. ¿Se imaginan una escena así? ¿Qué le queda por hacer al fulano-paciente? Testamento, si tiene tiempo. Y, si no estaba tan grave, lo estará desde ese momento.

Pero volvamos a Elizabeth Kübler Ross, la novia de la muerte.

Llegó el día de la conferencia. Los internos ignoraban que su profesor no iría. De pronto ven subir a la flaquita. Los murmullos crecen.

El relato de lo que pasa a partir de entonces está maravillosamente contado en el libro *La Source noir* (La Fuente negra), aquí llamado *Los que volvieron del más allá*, de Patrice Van Eersel, no sólo uno de los pocos europeos que abordaron literariamente este tema, sino el único (en toda la bibliografía que obtuve al respecto) que no es médico. Van Eersel es periodista en Francia. Su relato habla al principio del asombro de los internos, cierto rechazo que se nota en el aire por parte de la mayoría y –por sobre todo– una sensación escéptica de "¿qué nos puede enseñar ésta?"

Elizabeth Kübler Ross les habla con cierto temblor

en la voz. Les anuncia que hablará de la muerte pero que, para hacerlo, ha recibido la aprobación de una enferma moribunda –víctima de una avanzada leucemia–, a la que subirá al estrado. Movimientos inquietos de los internos, ella que sale por un costado, los médicos que esperan verla aparecer con una viejecita inaudible o poco menos, y Elizabeth que lo hace empujando una silla de ruedas donde –fresca, dulce, pálida y valiente– una jovencita de dieciséis años mira desafiante al centenar de médicos. Ellos juraron combatir las enfermedades y, sin embargo, nada pueden hacer con la suya.

El silencio se espesa. Elizabeth presenta a Linda y reitera que sabe por qué está allí, y que ha dado su aprobación para formar parte de la experiencia. Enseguida, invita a que algunos voluntarios le hagan preguntas. Ni una sola mano se levanta. Elizabeth insiste. Nadie responde, no se atreven. Elizabeth designa a uno, dos, cinco médicos para que pregunten. Las voces de aquellos hombres no demuestran firmeza y preguntan obviedades sobre el pulso, la alimentación, los glóbulos. Como dice en un párrafo Van Eersel:

> "Están de lo más tiesos. Desde el anfiteatro, el cuadro es sobrecogedor: la chica leucémica está tranquila y, a su alrededor, en contraste, los médicos internos parecen sufrir el peor de los martirios. Verdaderos muertos vivientes. Elizabeth nunca había leído con tanta claridad el temor a la muerte en el rostro de personas sanas..."

Elizabeth decide hacer ella misma las preguntas. O, mejor, dejar que sea Linda la que se explaye sobre su tema; su propia muerte. Ante un silencio impresionante Linda, la chica con leucemia avanzada y sólo dieciséis años de edad, habla del rechazo que la idea produjo al principio en ella y su familia. Luego cuenta de sus depresiones, sus cóleras contra el destino o Dios, o algo que pudiera escucharla. Más tarde sus sueños, que a menudo se mezclaban con los recuerdos más bellos de esos escasos 16 años. Y pretende hablar de la esperanza. Después de todo, tal vez todavía ella pueda... Pero es allí donde se quiebra. Continuar sería casi criminal. Elizabeth llama a una enfermera, besa a Linda y pide que la lleven a su cuarto.

El silencio es pesado, denso. Sólo quebrado por el llanto apenas amortiguado de varios de los médicos allí presentes. Lloran, sí. Los escépticos, los que esperaban la conferencia de su profesor mascando chicle y seguramente contando chistes subidos de tono, los que están más allá de muchas cosas, los que cuando estudiantes bromeaban poniendo algún órgano humano en la cartera de una compañera. Lloran ahora.

Elizabeth deja pasar un rato. Luego dice:

–*¿No creen que a través del coraje de Linda, de su juventud, su belleza y transparencia, cada uno de ustedes acaba de verle la cara a su propia muerte?*

Ningún médico puede ocuparse realmente de los enfermos ni de los agonizantes sin antes haber tomado conciencia de su propia mortalidad...

Esta mujer, este tipo de persona, es Elizabeth Kübler Ross, la que decidió dedicar su vida enteramente a los moribundos. A ayudar a morir. Un grupo importante se le fue sumando y hoy tienen una fundación con problemas económicos, pero con gente que está muriendo y tiene tiempo para sonreír unos segundos antes.

Pocos años después de la anécdota de Linda y los internos, la doctora Kübler Ross se topa con el relato de Helen Schwarz, que aseguraba haberse separado de su cuerpo al "morir" hasta que la devolvieron a la vida. Es la primera vez que escucha algo así. Como buena investigadora no parte del escepticismo con que sus colegas la rodean ("¿Cómo creerle a esa mujer? ¿no estará loca como su marido? ¿Para qué meterse en cosas con las que los médicos no tenemos nada que ver?"). Por el contrario, se apasiona con el relato y pide a la señora Schwarz que se lo repita una y otra vez. Comienza a investigar entre pacientes con paros cardíacos. Y comienza a juntar datos, datos, datos. Tal vez sea, hoy en día, la persona del mundo que más testimonios tiene (comprobados, certeros, coincidentes, asombrosos) sobre la Gran Experiencia. Pero nunca publicó esos testimonios, prometiendo hacerlo año tras año, desde hace más de quince.

Justamente en 1975 el doctor Raymond Moody --que ni siquiera sabía de la existencia de Elizabeth Kübler Ross– se entera de que ambos investigan el mismo fenómeno y le hace llegar una copia de los originales de su libro *La vida después de la vida*. Elizabeth lo lee y se lo devuelve con una felicitación y unas carillas que generosamente escribe como prólogo del libro. Allí dice, entre otras cosas, que hace veinte años (es decir desde 1955) que se dedica a pacientes en la última fase de enfermedad y que cuenta con mucho material (se sabe que tiene más de 150 casos absolutamente inobjetables) que no hace más que coincidir con las investigaciones del Dr. Moody: ya no puede ser una casualidad. Alerta a Moody sobre lo que le espera: ataques de algunos sectarios de las religiones en general, y de un sector muy conservador de sus colegas. Recomienda el libro "a los que mantengan abierta su mente", y felicita a Moody por su valentía al publicarlo.

Raymond Moody, médico y filósofo, más tarde psiquiatra, se jugó sus títulos y quizás hasta su futuro cuando presentó el libro. Lleva vendidos varios millones de ejemplares y una frase del prólogo de Elizabeth Kübler Ross es la que más lo impactó y alentó:

> *"La investigación que el doctor Moody presenta en este libro iluminará a muchos y confirmará lo que nos han dicho durante dos mil años: QUE EXISTE VIDA TRAS LA MUERTE."*

CUATRO

EL MIEDO A LA MUERTE

> *La muerte no llega más que una vez, pero se hace sentir en todos los momentos de la vida.*
>
> LA BRUYÉRE

HABLÉ DE ESTE TEMA CON MÉDICOS, ENFERMEROS, SACERDOTES, gente que convive más de cerca con la muerte que el común de los –precisamente– mortales. De ellos, aquellos que son amigos personales me confesaron sin vueltas que "les aterrorizaba la idea de morir". Morris West en su famosa novela *El abogado del diablo* coloca a su protagonista, un sacerdote, en el trance de saber que le quedan tan sólo unos meses de vida. El libro –notable "best-seller"– pone en claro la situación desde sus palabras iniciales: "Su profesión era preparar a otros para la muerte: le causaba estupor hallarse tan mal dispuesto para la suya". Siempre hablando del sacerdote protagonista del libro, continúa: "El era un hombre razonable, y la razón le decía que la sentencia de muerte del hombre está escrita en su alma el día en que nace; era un hombre frío, al que poco perturbaba la pasión ni molestaba en absoluto la disciplina; no obstante, su primer impulso fue asirse firmemente a la ilusión de la inmortalidad".

Treinta años más tarde, Morris West parece no haber cambiado de opinión en lo que hace a los sentimientos que sobre el tema tienen sus personajes, aún los más sagrados. En su última novela, *Lázaro*, plantea la historia de un Sumo Pontífice que debe ser operado de una severa afección cardíaca. Una vez más, las primeras palabras del libro pintan la situación: "Era un hombre alto y duro. La nariz grande y curva, el mentón saliente y los oscuros ojos de obsidiana le conferían el aspecto de un águila vieja, imperiosa y hostil. Sin embargo, cuando tuvo que afrontar la evidencia de su propia mortalidad, de pronto se sintió pequeño y ridículo" (Para que no deba recurrir al diccionario como yo, le cuento que "obsidiana" es una piedra negra y muy dura).

Es casi imposible saber si este León XIV, inexistente como Papa salvo en la imaginación de West, tiene algún punto en común con un Pontífice verdadero en esto de encarar a la muerte, pero vale la pena al menos pensar en eso.

Mientras tanto, la inmensa mayoría de los mortales sí "se aferra a la idea de la inmortalidad" en contra de toda lógica y sí "se siente pequeño y ridículo" cuando algo le demuestra que puede morir. La fe en alguna religión ayuda mucho, sin dudas, pero en la mayoría de los casos suele no conformar del todo. Cuesta tomar conciencia de que uno no verá más el sol, no podrá tocar ni besar a aquellos a los que ama, de que no habrá dolor pero tampoco placer en lo físico, no se volverá a comer o a hacer el amor, a cruzar una calle o a caminar por Florida, a soñar con proyectos o con el pasado.

Las religiones, en su mayoría, hablan de una vida eterna que comienza en realidad cuando uno muere. Pero ¿cómo es esa vida eterna? Los miedos parten, más que nada, del gran temor a lo desconocido. La vida aquí, en la Tierra, es por lo general bastante complicadita, pero uno ya sabe de qué se trata y más o menos la va sorteando. En cambio "Allá" aseguran las promesas de la religión que todo es una gran maravilla, en la medida que nos hayamos portado bien acá. Claro que como nadie volvió para contarlo, la duda sigue atenazando, y surge elegir el "acá", porque "más vale malo conocido que bueno por conocer". Sin

embargo ese "por conocer", lo vamos a conocer sí o sí.
Por tanto, lo ideal sería partir de una base fundamental sin la cual nada sirve: asuma cada uno de
ustedes que se va a morir. Lo siento, me encantaría
decirles otra cosa, pero mentiría. No importa si son
muy jóvenes, si regalan salud, si una bruja les dijo lo
contrario, si aún les queda mucho por hacer. No
importa nada. Tarde o temprano (ojalá que muy tarde,
claro) ustedes se van a morir. Y no me mire así ni tire
el libro contra las paredes porque nada cambiará con
eso. Al contrario. Se perderá de algo que sí sirve: saber
que morirse es una experiencia fantástica.

Las cosas, de repente, parecieron mejorar en mi
investigación. Ahora estaba en la salita contigua al
quirófano de Hemodinamia, en el segundo subsuelo
del Sanatorio Güemes. El mismo lugar donde me
habían dejado "en reposo" hacía más o menos unos
veinte días, después de mi Gran Experiencia. Y seguía
buscando otros como yo.
Ahora reposaba allí, una hora más tarde de haber
sido intervenido, un hombre de aspecto jovial, cariñoso, simpático. Me recibió (a todos los pacientes se
les pidió permiso previo a mi visita, grabador en mano)
como a un viejo amigo. Una de las pocas cosas buenas, reitero, que tiene trabajar en la "tele": uno se
hace familiar y, a veces, hasta confiable.
Julio Martínez tiene sesenta años, muy buen aspecto a pesar de estar en una de aquellas angostas
camillas y con su brazo canalizado para permitir el
paso del suero; pelo canoso y rasgos de buena persona. Había en ese momento una prevención importante con respecto a él: aún no se le había contado que
había sufrido "un viaje al Otro Lado"; ignoraba que
había permanecido en paro cardíaco hacía menos de
una hora y media atrás. Estaba convencido de lo
mismo que yo cuando aquella me ocurriera: "fue un
desmayo". Por eso la advertencia de los médicos y el

cuidado que yo debía poner en la charla, que prefiero transcribir literalmente. Luego le dirían la verdad, como lo hicieron conmigo, pero debían dejar que se relajara y nuestra charla tendría como tema el tipo de intervención que nos habían hecho a ambos. Julio visitaba el quirófano de Hemodinamia por segunda vez (tal como lo había hecho yo) pero sumaba, además, un by-pass. Hablamos en general hasta que creí que podíamos entrar en tema lentamente, mientras los médicos y enfermeros de Hemodinamia vigilaban, como siempre, asomándose a las ventanitas de las puertas a cada minuto.

–¿Así que perdió la conciencia? Yo también.

–Yo pierdo la conciencia por completo, sí. Y no me doy cuenta de cuando pierdo la conciencia. Yo entro en un sueño... Hermoso. Realmente hermoso. Y después, como me dieron shock eléctrico para volverme a despertar, la vuelta es bastante violenta, si se quiere. No me ubiqué enseguida cuando me desperté. No sabía bien dónde estaba hasta que empecé a ver a los médicos y ahí sí me fui dando cuenta. Eso sí: del sueño nada. No me acuerdo nada.

–Julio: si no se acuerda nada del sueño, ¿cómo sabe que era hermoso?

–Porque tengo la sensación de que era hermoso. Me quedó la sensación de hermosura. Un sueño que... No sé. No lo puedo explicar, no lo puedo explicar. Era una sensación de hermosura pero la verdad es que no puedo explicarlo...

–¿Hay algo que recuerde haber visto? (Otra vez la ansiedad me empujó a inducirlo casi a una respuesta.) ¿Una luz? ¿Voces de algún tipo?

–No, no. ¡Cómo quisiera acordarme porque sé que era tan dulce, tan hermoso, pero no, no hay caso! Daría no sé qué por recordar algo tan dulce. Hace un rato vinieron a verme mi esposa y mis chicos y les contaba a ellos y me emocionaba sólo de...

La voz de Julio se quiebra. Se emociona con solo recordar una belleza tan grande que no puede explicar. Paramos allí la cosa. Le hago un chiste, le digo

que vamos a terminar otra vez adentro (en el quirófano) los dos juntos ahora, con tanta emoción. Que
mejor la paremos ahí.

–No, no. Me siento muy bien ahora. Creo que hacía
mucho que no me sentía tan bien. Lo único que tengo
esa cosa que quisiera acordarme pero sé que no me
voy a acordar nunca...

–De repente sí, Julio. Yo empecé a armar mi rompecabezas después, poco a poco. Cada vez aparecían
más piezas.

–¿De verdad? Dios lo oiga. A mí lo que más me
queda es la sensación de paz. De paz absoluta, total.
Y después venía la contracara del despertar tan violento cuando yo estaba tan bien. No sé si yo quería
seguir allí o despertarme, le digo la verdad. No sé si
quería volver al sueño o enfrentarme con la realidad...

–Lo entiendo muy bien. Yo sentí igual.

–Ah, pero qué belleza... ¡Qué sensación de paz, qué
placer! No pude ubicarme dónde estaba, qué hacía,
quién estaba conmigo... Pero esa paz, esa paz no me
la olvido nunca...

Julio me había dado un acercamiento a los cientos
de GE o de NDE (como la llaman los yanquis), pero
todavía la foto estaba difusa. Sin ninguna duda él
había sentido alguno de los puntos de la Gran Experiencia, pero por alguna razón sólo recordaba
sensaciones y no hechos. Julio había escalado el
Aconcagua y cuando quiso demostrarlo mostrándose a
sí mismo en la cima, resulta que las fotos habían
salido fuera de foco. Pero el Aconcagua lo había escalado, no había dudas.

La licenciada en Psicología Silvia Moscoloni hace ya
doce años que trabaja en el Güemes en algo francamente difícil y sencillamente maravilloso: los pacientes
trasplantados, los recién operados, los que –en su
gran mayoría– fueron salvados de lo que les atacaba
el corazón, pero que deben ser rescatados ahora de su
propio cerebro. Sólo por un instante trate de imaginar
una sala de recuperación, con camas separadas unas
de otras por cortinas apenas, ya que es imprescindible

tener a cada paciente, a cada monitor cardíaco, a cada goteo de suero, bien a la vista y en el acto. No abrir puertas, ni depender de que el paciente llame con un timbre, ni visitar de vez en cuando. Ver todo en una sola mirada. Y en esa sola mirada descubrir si existe algo que no anda bien.

Imagine el lugar y trate de imaginarse a sí mismo con un costurón que comienza poco más abajo de la garganta y termina poco antes del ombligo. Duele, además. Molesta y duele. Imagine que usted está así, boca arriba y sin poder ponerse ni siquiera un poquito de costado porque tiene, además, unos catéteres de drenaje (unos cañitos de plástico) que le salen a uno y otro costado del pecho. Aparte, una aguja en un brazo conectada a otro cañito de plástico deja caer suero gota a gota y –a veces– opiáceos, analgésicos muy fuertes, morfina misma para tratar de aliviar el dolor, que puede ser similar al de un ave de rapiña mordiendo voraz. Imagine que usted se encuentra con todo eso cuando va despertando de a poquito de la anestesia, porque lo trasplantaron hace unas horas. Y, mientras descubre lentamente dónde está, quién es usted, de quién es ese cuerpo con el que alguna vez hizo el amor, o nadó, o sufrió por una leve quemadura de sol, y lo ve ahora así, va tomando conciencia simultáneamente del porqué de todo eso que casi es irreal, de tanto sabor a pesadilla. Toma conciencia de que ahora le sacaron su viejo, enfermo e irrecuperable corazón, y que bajo su pecho late el de un pobre muchacho que se abrió la cabeza en un accidente de moto pero dejó su corazón intacto como para que usted ahora lo use. ¿Se da cuenta de todo lo que puede pasar –y pasa– en esos momentos por su mente?

Silvia Moscoloni es por completo imprescindible. Es quien le irá contando quién es usted, le irá anticipando lo que ocurrirá en la próxima hora y en el próximo día con su cuerpo y con su mente. Entonces usted verá que se cumple lo que ella le dice, y le tomará más confianza cada día. Y ella podrá ayudarlo.

Silvia es joven, pero demasiada vida y demasiada muerte a su alrededor la transforman en una anciana en comprensión, en amor, en servicio, de esos que no se alardean pero que enorgullecen.

Ahora está sentada frente a mí y me ayuda a comprender, cuando yo llevo una veintena de entrevistas a pacientes con algunos resultados nulos casi y otros espectaculares. Me vengo preguntando por qué algunos que sufrieron paros cardíacos no recuerdan nada, otros recuerdan un poquito y otros recuerdan todo.

–Lo que el paciente piensa, si es que se le puede llamar "pensar" a eso que ocurre en su cerebro durante un paro cardíaco y respiratorio, ¿entra en el terreno de lo consciente, de lo inconsciente, de los sueños, de las alucinaciones?

–No entra dentro del pensamiento consciente. Tiene que ver más con la actividad inconsciente o con la ensoñación...

–¿Con la alucinación también?

–Podría tener que ver con la alucinación, creo que eso depende de cada uno. Lo que pasa es que cuando uno alucina, está despierto. Cuando duerme, sueña; no alucina.

–¿Qué diferencia hay?

–La alucinación es ver perceptualmente, es decir con los órganos de los sentidos, algo fuera de uno. Está trabajando la percepción. Con el sueño no. Lo que me contás estaría más ligado al campo de los sueños porque la persona que lo siente no está consciente.

–¿Te referís a lo que el fulano piensa en el momento del paro card...?

–No, no piensa. No lo llamés pensar porque no piensa. Insisto que puede ser un sueño.

–En ese caso ¿cómo se explica que una persona que vive en Nebraska y otro que vive en Buenos Aires sueñan EL MISMO sueño? El mismo que, después de todo tuve yo y que me canso de leer con algunas variantes en casos de todo el mundo. No son sueños idénticos, pero tienen una gran cantidad de puntos importantes en común ¿cómo se explica? Si fuera tan solo un sueño sería imposible, supongo, tanta casualidad durante tantos años y con tanta gente.

Silvia levanta las cejas mientras sonríe giocondinamente, con un gesto de "¿qué-querés-que-te-diga?". El terreno puede empezar a ponerse peligroso, en especial porque alguien como ella se ajusta a los cánones estrictamente científicos o comprobados y no le gusta nada –como a más de cuatro compatriotas– ponerse a hablar con gran desenfado de cosas que están más allá del Conocimiento. Hacerlo sería fácil: no me lo podría probar, pero tampoco yo podría probar lo contrario. Fácil pero tonto. Y ella no parece ser ninguna de las dos cosas como persona. Recuerda un caso que de pronto ilumina mucho algún pedacito de mi cerebro, porque siento que nos vamos acercando y que lo hacemos según relatos de alguien tan riguroso como lo es ella.

"Es un caso que no olvidé y no creo que vaya a olvidarlo nunca. Voy a entrevistar al paciente, un hombre joven que al poquito tiempo de hablar me dice que tiene algo para contarme. Dice que me lo va a contar a mí que soy psicóloga, y sabe que lo voy a escuchar porque por ahí, si se lo cuenta a otro va a pensar que está loco. Esto que estoy contando ocurrió por el año 83 o 84... El paciente del que hablo era por entonces militar en actividad, un oficial, un hombre de buen nivel intelectual. Estaba asignado a una base en Mar del Plata cuando yo lo recibo aquí como paciente. Me dice que tuvo, inmediatamente después de un paro cardíaco reciente, una percepción especial o algo que le pasó y él no sabe cómo explicar. Entonces contó que, bueno, que en un momento se nubló todo, y que él empezó a ver DESDE ARRIBA cómo los médicos lo estaban reanimando y hacían lo posible por volverlo a la vida. Él sintió que salía de su propio cuerpo y veía, desde arriba, desde otro lugar, a la gente que estaba tratando de 'volverlo'... Se veía a sí mismo muy claramente en la cama con todos alrededor. Sintió, también, siempre según su relato, una sensación de paz muy grande que no podía describir en su intensidad. Después se despertó."

El relato de Silvia fue tan literal como lo acaban de leer, gracias al grabador. Ocurre que no quise –como en todos los casos– cambiar ni una coma para no alterar ningún concepto. El tono de Silvia fue profesional, nada dramático ni teatralizado, aséptico, casi frío para mi gusto, si tenemos en cuenta lo inexplicable que estaba contando, pero con ese tono –precisamente– todo se hacía más real, más estremecedor.

–Al hombre ¿le gustó volver?

Muy larga pausa de Silvia. Está seria. En el sonido que proviene del grabador del cual ahora mismo estoy transcribiendo el relato y la charla, esa pausa se hace –allí sí, sin que nadie lo quiera– más dramática. Porque estábamos en un restaurante al mediodía y ahora escucho murmullos, conversaciones, risas y movimientos en un segundo plano, mientras en el primero persiste por varios segundos el silencio de la psicóloga, mientras recuerdo su cara sin la sonrisa del encuentro, los párpados "a media asta", como buscando más precisiones dentro de sí misma, tratando de hallar una respuesta como siempre rigurosa.

–No sé.

Lo dice en un susurro que más que oír se adivina, pero enseguida vuelve a subir el tono de voz, a retomar la seguridad habitual.

–Yo creo que lo más curioso para él, lo que más lo sorprendió, fue el hecho de ver su cuerpo, y de ver a los demás tratando de reanimarlo.

–¿Hacía algo por ayudar a los médicos o por impedirles seguir?

–No lo sé, no recuerdo que me haya contado algo sobre eso. Lo que él quería sobre todo era no dejar las cosas así nomás, quería que lo que vivió se supiera, escribirlo, hacer algo, así como vos...

Yo no puedo ser frío, aséptico, casi indiferente en apariencia, como lo es Silvia merced a su profesionalismo y como lo son prácticamente todos los autores extranjeros que han incursionado en el tema. Queda dicho que no soy médico, como ellos. No debo por lo tanto adoptar una actitud en extremo disociada de cada caso, ni puedo comportarme como una caja hermética que recibe información y punto. Por otra parte, yo viví la Gran Experiencia, lo cual me pone mucho más allá (y Más Allá) de ser un simple escriba que hace esfuerzos por ser objetivo, como hice siempre. Por todo eso puedo contar ahora sin pudores que la alegría que me iba llenando por dentro en cada frase que escuchaba del relato de Silvia, era sólo comparable a la alegría que sentía en cada frase que escuchaba del relato de Silvia. Todo iba encajando. Las piezas del rompecabezas iban acomodándose y formando cosas. Pero allí no había terminado el asunto. Ella aún tenía más.

–Después recuerdo otra experiencia de una paciente...

La miré con tanta atención que si se hubiera dado cuenta se habría asustado. La escuchaba como si fuera la jueza que estaba a punto de leer mi sentencia.

En esa otra experiencia no hubo una situación de desdoblamiento. No sintió salir de su cuerpo. Era una paciente terminal que estaba esperando para un transplante cardíaco. Hizo un paro del cual salió y después, cuando me describió la situación, dijo que había sentido una paz infinita y que, realmente, si eso era morirse, bueno... como que... era bueno morirse. No quiso contar nada más.

Era obvio que aquella paciente había sentido muchas cosas. Que había, seguramente, pasado por la Gran Experiencia. Pero –como en gran cantidad de casos, tanto aquí como los registrados en los Estados Unidos– es muy grande el porcentaje de pacientes que prefieren no contar nada. En algunos casos porque se produce una "amnesia parcial" de la que ya hablaremos, y en otros porque, simplemente, temen ser tomados por ridículos al relatar historias tan extravagantes.

Volví a atacar a la pobre y rigurosa Silvia con el asunto aquel de cómo se explicaba que gente que jamás se conoció entre sí y que –en muchos casos– viven a miles de kilómetros de distancia y tienen diferentes niveles de cultura, información y educación, pudieran sentir lo mismo (o algo muy, pero muy parecido) en el momento de la Gran Experiencia de Muerte.

–Por ahí tiene que ver con una idea en común de la humanidad de lo que debe ser la muerte. De que la muerte puede ser una situación de paz, de que uno se va a encontrar con una luz, de que estarán sus parientes ya fallecidos...

–¿Vos hablás del inconsciente colectivo?

–Sí, señor.

–Silvia, da la curiosa casualidad de que Carl Jung, el padre del inconsciente colectivo, el que "lo inventó"...

–Sí, señor.

–...tuvo un infarto en 1944 que le produjo un paro cardíaco del cual fue sacado. Al volver, contó lo de la sensación de paz y agregó que él sintió cómo su cuerpo quedaba allí y sin embargo él tenía la certeza de elevarse y elevarse hasta un punto no determinado.

–¿Y? ¿Y él no tenía acaso inconsciente colectivo?

–No lo mencionó para nada en su relato posterior al "viaje". Más aún: lo contó como una experiencia muy individual y atribuyó aquello que había sentido a sus propias vivencias. Claro, hay que admitir, tanto a favor como en contra del tema, que aún faltaban unos

20 años para que se empezara a notar por primera vez que muchos sentimos casi lo mismo en ese momento. Para Jung, lo suyo debió sentirlo como único. No tenía con quién comparar. Y mucho menos, podía hablar de algo como el "inconsciente colectivo" aplicado a aquello.

La bella y la bestia

Lo que siguió de la charla merece este subtítulo, ya que fue una suerte de discusión (muy amable, obviamente) entre Silvia, la bella (y además psicóloga, psicoanalista, dieciocho horas diarias de trabajo sobre la vida y la muerte, doce años con pacientes en estados límite) y la bestia (que solo puede exhibir como curriculum haber vivido la Gran Experiencia y haber leído mucho, lo que no siempre significa haber entendido todo). Ella, decididamente profesional, racionalista y rigurosa. La bestia impulsada por el deseo de que alguien me diera un documento firmado y lacrado en el que se aseguraba –sin duda alguna– lo que buscaba que me aseguren: "quedate tranquilo, vos sos una bestia pero la ciencia está con vos, los más severos representantes están dispuestos a jurar que –en efecto– la muerte es exactamente como la contás".

–Precisamente Jung es el que habla de los símbolos de los sueños, de los símbolos universales. El hecho de que no uniera su experiencia al inconsciente colectivo no niega nada. Él habló de su propio inconsciente... Ahora, ¿por qué crees que hay sueños que tiene la gente que son tan parecidos?

–Supongo que porque viven vidas parecidas –dijo la bestia.

–O situaciones parecidas. Si vamos a buscar un ejemplo: los pacientes que salen de recuperación tienen sueños parecidos. Sueñan con grandes incendios o con cosas terroríficas: choques, grandes accidentes, cosas por el estilo.

–¿Por qué sueñan con eso? ¿Descargan allí su angustia?

–Y, porque es una forma de elaborar psíquicamente la situación traumática vivida en la Sala de Recuperación. Vos fijate que los pacientes sueñan eso y después ves que el sueño se va transformando, empiezan a ener sueños más simples, sueños como realización de deseos. Sueñan que vuelan, que hacen un viaje, que están con su familia. Pero eso no pasa inmedia- 'amente que salen de terapia. Cuando salen tienen ese tipo de sueños traumáticos, que son sueños de elaboración. Y después van alcanzando el trabajo del sueño habitual, como realización de deseos. Hay sueños que se dan en forma común en mucha gente.

–Pero acá creo que no estamos hablando de sueños. Los sueños se dan con el corazón latiendo y los pulmones funcionando. Acá ¿cómo se explica que sienta lo mismo tanta gente ante una situación tan límite (en realidad la más límite, la de la muerte) como ésta? ¿Cómo siente lo mismo ante esto un tipo de Minessota y yo?

–¿Vos que crees que te pasó?

Responder una pregunta con otra pregunta es algo muy típico del pueblo judío, del pueblo gallego y de los psicoanalistas. No podía fallar.

–Yo no lo puedo saber. Yo sé lo que me pasó contándolo.

–No, no, no. ¿Vos qué explicás de lo que te pasó?

–Me ayuda mucho la fe a explicarlo.

–Bueno, sí, fenómeno. Pero ¿qué explicás?

–Yo creo en Dios. Yo lo que creo que tuve...

–¿Un acercamiento a Dios?

–Un acercamiento a Dios. Dios, que es Dios, es Alá, es Jehová...

–Lo que sea. A un ser superior.

–Dios.

–Está muy bien, Dios. ¿Para qué necesitás otra explicación ahora?

–No busco una explicación. Busco otros que hayan sentido lo mismo, puntos en común. Pruebas, si fuera posible.

–¿No es que ya creés en Dios y en el Más Allá?

71

–Yo sí, sin la menor duda. Pero quiero que crean hasta los más escépticos. Este libro tal vez pueda ayudar a alguna gente a un buen morir, con la esperanza y el testimonio de todos los que sentimos esa paz, esa maravilla.

–Eso está bien.

Desde el principio venimos hablando del miedo a la muerte y sus porqués. Y lo seguiremos haciendo a través del pensamiento de gente del más alto nivel de la medicina o la religión, ya no en nuestro país sino en el mundo entero, donde son aplaudidos.

Con Silvia, éste fue el final de la charla.

–Con respecto al miedo a la muerte, ¿a qué se le tiene miedo, en realidad? ¿A la desaparición física, a dejar lo que uno quiere, a lo desconocido? ¿Qué se teme de la muerte?

–Yo pienso que una de las cosas a las que uno le tiene miedo es a separarse de los afectos. A no volver más, a no poder volver a ver más a los que uno quiere. Por otro lado, a la propia pérdida física, pero eso sería en segunda instancia. Lo más importante, lo que produce el mayor miedo a la muerte es el no poder volver, no poder volver a ver o a estar... con los afectos. Ese, pienso, es el miedo más grande a la muerte.

–Por lo visto en la muerte funciona como cosa fundamental lo que lo es también en la vida, el amor... Aunque suene cursi es una realidad. No pongas cara de psicoanalista. –Ella se ríe cálidamente.– En la vida es lo que nos mueve: por nuestros hijos, nuestras parejas, los amigos...

–Nuestros afectos, sí.

–Yo entiendo que para una profesional del Psicoanálisis es más difícil emplear la palabra "amor", pero a mí, que soy un cursi, me gusta más "amor" que "afectos". Y en el fondo sé que a vos también. Ella ríe.

¿Tu idea es, entonces que el mayor temor a la muerte viene de perder lo que uno ama y lo que nos ama a nosotros?

–Seguro. Perder lo que uno ama, lo que uno quiere. También yo pienso que al cuerpo, por un principio narcisista, uno también lo ama. O sea que perder el cuerpo también es lo que te hace temer a la muerte.

–Yo confieso que mi cuerpo es lo que menos me preocupa.

–Pero tiene que preocuparte. Si no tuvieras un cuerpo no estarías ahora aquí. Además, por principio religioso ya que vos te apoyás tanto en eso, no olvides que el precepto dice "ama a tu prójimo como a ti mismo". Amar a los demás como a sí mismo... Si uno no se ama a sí mismo, no puede amar a los demás.

–De acuerdo, pero dice a "Sí mismo" y no "a tu propio cuerpo". Para mí, yo mismo soy mucho más que mi cuerpo.

–Perfecto. Tu cuerpo y tu psique, tu alma, tu espíritu o como quieras llamarlo. Como cada uno quiera llamarlo.

–Está bien. Quedamos en que esos dos puntos son los que hacen que uno tema a la muerte.

–Sí, señor. La separación. La angustia de separación es la angustia de muerte. La angustia de separarse de los que uno ama.

–¿Vos le tenés miedo a la muerte?

–Sí. Por supuesto. Sí. La acepto como parte de la vida, pero le tengo miedo. Si pudiera elegir, yo no me quiero morir.

–Vos sos psicóloga y, encima, estás tuteándote con la muerte todos los días. Sos rigurosa y cerebral. El hecho de que yo o cualquiera de los que están en este lugar o pasando por la calle nos aferremos estúpidamente a la idea de la inmortalidad o algo parecido, a pensar en que "la muerte es una cosa que le pasa a los otros", puede entenderse. Es tonto porque todos sabemos que nos vamos a morir tarde o temprano. Es tonto pero razonable. Pero, ¿qué pasa con vos, con todo lo que sos, todo lo que sabés? ¿Por qué te aferrás a la idea de la inmortalidad si sabés que no hay vuelta que darle?

–Porque yo, antes de ser psicóloga, soy persona. Siento, amo, quiero, odio, me enojo, me quiero, no me quiero... Antes de ser psicóloga soy todo eso y me pasan las mismas cosas que a todo el mundo. Por eso me aferro a la vida, no a la muerte. Por eso peleo y lucho todos los días. Trato de cuidarme, de cuidar a la gente que quiero. Porque me gusta estar con ellos.

–¿No pensaste nunca que sería terriblemente aburrido ser inmortal?

–Sí, lo pensé. Además, he pensado que con la madurez viene también la resignación de la muerte. Yo pienso que la vejez debe dar cierta resignación a la muerte. No lo vivencié ni hablo del tema con viejos, pero es una fantasía mía, por ahí, o una necesidad de pensar que me voy a resignar en algún momento a la idea de morirme. Creo que cuando uno viene viejo va viendo la muerte de otra manera.

–Y la vida.

–También la vida.

CINCO

EL MISTERIO INEXPLICABLE
¿QUÉ ES LA MUERTE?

> *Vulnerant omnes, ultima necat*
> (Todas hieren, la última acaba)
> INSCRIPCIÓN LATINA
> EN LOS RELOJES DE LAS IGLESIAS.

DESDE UN PUNTO DE VISTA RELIGIOSO: es la separación del alma y del cuerpo. El alma, dependiendo de cada religión, puede ser llamada karma, espíritu o de cualquier otra forma. Lo que importa, de todas maneras, es que nos estamos refiriendo a lo mismo. El cuerpo –aún los más bellos, perfectos y cuidados– no es más que una cáscara, por decirlo abrupta pero realistamente. Una cáscara maravillosa, por supuesto, pero una cáscara al fin ya que con toda su maravilla a cuestas terminará siendo un cúmulo de pestilencias y finalmente un montón de polvo. El alma, mientras tanto, es eterna.

Desde un punto de vista médico: la muerte se produce al cesar las funciones fundamentales: actividad cardíaca y actividad respiratoria. El paro de ambas provocará pronto el cese de la actividad cerebral y allí todo habrá terminado de manera irreversible. Si bien no está estipulado con una exactitud absoluta y el lapso puede variar de acuerdo a cada persona, se acepta como razonable que el límite soportable por el cerebro para seguir funcionando sin recibir sangre (oxígeno) es de tres minutos. Esto significa que a una persona se le produce un paro cardíaco y un paro respiratorio, y a partir de ese instante su organismo deja de bombear sangre al resto del cuerpo. El cerebro aguanta con lo que tiene esos 180 segundos pero, si no se le devuelven al paciente sus funciones vitales (cardíacas y respiratorias) es inexorable que el cerebro deje de funcionar. En ese caso ya es tarde para el corazón y los pulmones: con reanimación pueden volver a lo suyo, pero lo del cerebro es irreversible, no tiene reanimación posible, no hay solución, la persona es una especie de vegetal que –al menos hasta la fecha– seguirá para siempre en esa condición. Es muy posible que todos recuerden el caso de la joven norteamericana Karen Quinnlan,· a quien mantuvieron en estado vegetativo merced a aparatos, hasta que a pedido de los padres y con el consentimiento del juez se "desenchufaron" los aparatos, se dejó de darle asistencia y se le permitió morir en paz. Pero habían pasado años.

El hombre, desde que se intelectualizó un poquito –hace ya unos millones de años, con el homo sapiens– no aceptó así nomás la idea de su propia desaparición física. Pero tampoco pudo hacer nada para evitarla. La más alta tecnología y el increíble avance científico que se han producido solamente en los últimos cincuenta años no sirve para conseguir la inmortalidad. A duras penas vale para prolongar días, semanas, meses y hasta años las vidas de muchos pacientes que antes hubieran muerto irremediablemente. Pero sólo prolongar.

Lo que el hombre mantiene de manera inamovible es la esperanza. En Dios, en la Vida Eterna y hasta en otros hombres: Walt Disney, que murió en 1966, pidió y obtuvo ser congelado y mantenido en estado de hibernación hasta que alguien –aquí, en el mundo– descubra la manera de devolverlo a la Tierra para seguir viviendo. Pobre Walt Disney, no se dio cuenta de que él ya había logrado ser inmortal.

Como su caso hay centenares en los Estados Unidos. Apostaron a la ciencia. Pero creo que olvidaron bastante a la fe.

La muerte y las religiones

☆ Hay promesas de un futuro francamente placentero aunque un tantico libidinoso, como en el caso de los guerreros germanos de la antigüedad. Se les aseguraba que si morían luchando tenían asegurado el Valhalla, un paraíso al que describían con exactitud asombrosa y absurda, ya que los que iban no volvían. El Valhalla era un lugar arrullado por el lento correr de los ríos, beneficiado por el sonido de pájaros muy dulces, pletórico en llanuras verdes rodeadas de flores y –lo que era más importante para los guerreros nórdicos– atendido hasta en las últimas necesidades por unas walkirias muy rubias, muy bellas, y muy todo. Estas espléndidas señoritas no hacían más que complacer los pedidos de los guerreros y entre pedido y pedido llenarlos de manjares, miel y cerveza.

☆ Unos dos mil años antes de Cristo, los egipcios eran medio drásticos con sus muertos. Los que en vida habían logrado calificar bien, pasaban a vivir junto a Ra, el dios del sol, máxima divinidad, como dicen en las palabras cruzadas. Ése ya no tenía más problemas con su vida eterna. Pero los que no habían calificado, tenían terribles y diferentes destinos, como ir a una especie de infierno o pasar a lo que ellos llamaban el mundo de la nada. Lo que no queda muy en claro es quién determinaba si iban a uno u otro lado.

☆ El judaísmo es la primera de las religiones que sostiene la teoría de un solo dios. Como primera religión monoteísta es –puede decirse– la madre de las posteriores creencias de cristianos y musulmanes. Pero no es éste el único legado que les deja: también aporta la idea de un cielo y un infierno, un lugar para los que han cumplido las reglas y otro para los que las han transgredido. Los puntos claves de la religión judía eran y son el amor por la sabiduría, por el conocimiento; la adoración incondicional a Dios a quien se ama sin temerle y el llevar a cabo buenas obras de todo tipo sin esperar por ello recompensa. El que cumple con eso –de acuerdo a la creencia– tendrá su vida eterna junto a Abraham y junto a Dios. Una vida de paz.

☆ El cristianismo, como queda dicho, también promete un cielo para los que se lo ganen y un infierno para los que no cumplan en el mundo con los principales preceptos: amar a Dios, amar al prójimo como a sí mismo, amar aún a los enemigos. Es, a no dudar, la religión del amor y en él está basada. La vida eterna prometida es la del Paraíso, junto a Dios, junto a Jesús, su Hijo Dilecto. Jesús es el nombre en griego. Originalmente el nombre fue Joshua, que en hebreo significa "Jehová (Dios) es la salvación". En el cristianismo está muy clara la idea de la vida eterna desde sus propios orígenes históricos: Jesús resucita al tercer día de haber sido muerto y se aparece a sus seguidores para luego ascender a los cielos.

☆ La religión islámica (del Islam, palabra que significa "sumisión" y que se refiere exclusivamente a una sumisión a Dios, a lo que Él decida) es también monoteísta. Cree en un único dios, Alá, y en su profeta Mahoma. Los seguidores se llaman islámicos, musulmanes o mahometanos. En esta religión no hay duda alguna de que Alá castiga al malo y premia al bueno. ¿Cómo es el más bueno? Aquel que cumple con los cinco puntos fundamentales del islamismo: 1) Cada día reiterar la fe en Alá; 2) Rezar cinco veces al día, arrodillado, tocando la frente con el suelo en señal de sumisión y respeto y mirando siempre hacia el lugar donde está La Mecca (donde nació Mahoma); 3) Dar limosnas; 4) Ayunar cuando el Corán (Libro Sagrado) así lo indique; 5) Peregrinar a La Mecca al menos una vez en la vida, a menos que la situación económica lo haga imposible. Los musulmanes que cumplen las leyes de Alá tienen asegurada una buena vida eterna, pero hay una especie de paraíso especial para los guerreros que mueren en combate, en especial si lo hacen defendiendo su fe. En ese caso irán al más privilegiado de los lugares y tendrán todo lo que deseen.

☆ Hay religiones en algunos lugares de África y de América del Sur, que entierran a sus muertos con sus pertenencias más queridas, pues aseguran que les servirán para el largo viaje iniciado. Hubo, antiguamente, casos de un mayor salvajismo ya que se enterraba con el muerto a su animal preferido, al que –a veces– tenían la delicadeza de matar previamente, para que acompañara a su amo en la travesía al más allá.

☆ Los hindúes, los budistas y muchas otras religiones, son decididos defensores de la reencarnación, aunque cada uno la admite y la moldea de acuerdo a sus propias creencias. Pero el tema de la reencarnación amerita un texto por separado.

☆ Los sumerios, que reinaban en el Golfo Pérsico 3400 años antes de Cristo, mataban al sirviente de un guerrero o un noble que había muerto, para que pudiera seguir atendiéndolo en el otro mundo.

Hay en el mundo decenas de religiones –y esto si contamos sólo a "las más serias"–, y puede decirse que en todas ellas lo que se pide en vida del fiel es portarse bien, y lo que se ofrece en caso de que lo haga es siempre bueno, lindo, grato. Lo que ninguna de esas religiones –o sus representantes– puede contar con exactitud es lo que nos interesa: ¿qué pasa exactamente Allá? Por eso cada vez se toma con mayor seriedad el análisis de este tema, que –al principio– costó muchos dolores de cabeza y de otro tipo a los pioneros como Kübler Ross o Moody. Ahora, repito, hay instituciones especiales dedicadas al estudio de los que pasaron por la GE y ya casi nadie mira al tema como a algo delirante.

Quise que este libro fuera serio porque los tres puntos que tenemos que ver con él lo merecen: la editorial, ustedes que están leyendo y yo mismo. Quise (quiero) que sea entretenido. Pero que sea, por sobre todo, sincero y que cuente con testimonios de los mejores en cada tema. Por eso hablé con él.

ISMAEL QUILES es sacerdote jesuita, alma de la Universidad del Salvador desde hace décadas, una de las personas más lúcidas y cálidas que he conocido y uno de los mejores (tal vez el mejor) teólogos de habla hispana. Con su vocecita pequeña y esa sensación de junco de luto que da verlo tan flaquito en su sotana o su traje negro, este hombre desechó por años honores y cargos, porque prefirió ahondar cada vez más en todas las religiones, no sólo en la suya, ya que lo que le importa realmente es el hombre.

–¿Qué pasa cuando uno muere, padre?

–Como primera cosa ya no hay dudas ni siquiera científicas en cuanto a que, en el momento de la muerte, se alcanzan puntos de una lucidez a menudo extraordinaria. Supongo que se debe a que uno ya empezó allí a "tocar un poco con el dedo el Otro Lado". De allí que la muerte es condición de paz y serenidad.

–¿Y por qué de paz y serenidad? ¿De qué nos despojamos allí?

–Hombre, nos despojamos de las angustias que en vida siempre están. Las angustias cotidianas de la vida, esas que por una u otra razón se empeñan en no abandonarnos. Al olvidar las angustias (¿qué sentido tendría recordarlas durante la muerte?) nos aligeramos de un peso emotivo. Y aparecen la paz y la serenidad:

–Padre, es muy claro lo que me dice pero ¿qué explicación tiene que una persona en Alaska y otra en Tucumán sientan lo mismo en ese momento?

–El hombre es igual en todas partes y la muerte es la misma en todas partes. Puede haber, y las hay,

desigualdades sociales, económicas, étnicas y lo que
se te ocurra. Pero el hombre como tal es el mismo en
todo el planeta. Pueden haber muertes más bellas,
más dolorosas, más sencillas, más pomposas, más
dulces o lo que quieras. Pero la muerte es siempre la
muerte. Iguala. Y el hombre místico es igual donde
sea. El éxtasis místico es el mismo para todos e igual
en todas las religiones, aun cuando el Cristianismo es
de un misticismo más poderoso todavía.

–¿Más que las religiones orientales?

–Sí, señor.

–Pero padre, yo siempre creí que los orientales nos
llevaban mucho en eso de superponer el espíritu. Por
eso que leemos por ahí: el yoga, los tibetanos, la
levitación, que sé yó, todo eso...

–El Cristianismo, y no porque tú y yo seamos
cristianos, bien sabes que no sólo respeto sino que
admiro mucho a otras religiones, ha tenido a lo largo
de su historia muchos casos como los que mencionas.
El éxtasis místico es superior. Claro que hay que
alcanzar ese éxtasis místico que no es sencillo ni para
occidentales ni orientales... Es un punto de Nirvana,
de excelencia, de estar Más Allá, de claridad en todo
y con todos. Un punto donde el amor es la clave, fíjate
en eso y no lo desatiendas. El amor es siempre la clave
que abre todos los acertijos que parecen insondables.

–Con todo eso y con el agregado de que todos
sabemos de nuestra propia muerte... ¿por qué le
tememos tanto? ¿por qué no aceptarla?

–El miedo a la muerte es mucho menor cuando hay
Fe. Cuanta más firme es la fe, menor es el temor a
morir, pero esto no significa de ninguna manera que
el miedo se borre por completo. Aun en los casos de
mucha fe, nuestro cuerpo tiene un natural impulso de
vivir. Nosotros hemos sido creados para defender la
vida y es por completo natural que lo hagamos, en
especial con la nuestra propia. Ese impulso de vida
que tenemos hay que mantenerlo y alimentarlo, de
ninguna manera querer eliminarlo.

–Los orientales ¿tienen menos miedo a la muerte?

–No se trata sólo de los orientales. Los musulmanes, por ejemplo, sienten y creen fervientemente que si mueren en Tierra Santa tienen asegurado su paraíso. Y ni hablar si la muerte se produce luchando en defensa de su fe, de Alá, de la religión: tienen reservado, en ese caso, los mayores placeres en la vida eterna. Pero no son los orientales los únicos que se embanderan con la muerte por una causa para acceder a la gloria. Recuerda, sin ir más lejos, durante la guerra civil española a los legionarios que se llamaban a sí mismos "Los novios de la muerte" y llevaban banderas negras con calaveras.

–Padre, el caso es que, de acuerdo a los testimonios directos que yo conseguí hasta ahora y a los de la bibliografía, hay muchos puntos en común ante una experiencia de muerte. ¿Todos vemos lo mismo, sentimos lo mismo, aunque tengamos diferentes religiones?

–Sí, por supuesto.

–Entonces ¿qué sentido tienen las religiones? Dios es uno solo, no importa cómo lo llamemos. Para los que tenemos fe Dios es el mismo para todos.

–Las religiones dan diversas maneras de concebir a Dios y de acercarse a Dios. Pero sí: Dios es uno solo. Fíjate la cantidad de cosas en común que tienen las religiones a las que puede llamarse "más refinadas": el cristianismo todo; el judaísmo; el Islam. A la larga, si uno está bien consigo mismo en la vida, lo estará también en la muerte.

–En otro orden de cosas, padre ¿el catolicismo no acepta decididamente la reencarnación, no es cierto?

–Así es.

Ni siquiera aquellas religiones que aceptan la reencarnación lo hacen con el consentimiento y la fe de la mayoría de sus fieles. El budismo y el hinduísmo la aceptan, pero no con unanimidad de feligreses. Los egipcios la adoptaron y era para ellos un gran consuelo. Los griegos la aceptaban pero la miraban medio de costado, como desconfiando de que realmente fuera posible. Los druidas estaban, sí, tan convencidos que eran capaces de prestar unos dineros con la promesa de devolverlos en la siguiente reencarnación. Eso sí: si en esa uno era un pobre plebeyo o, simplemente, un perro vagabundo, el otro le iba a cobrar al Universo, ya que en éste creían como cosa inmutable. Pero no hay que concederles mucho interés a los druidas (galos y celtas antes de que llegaran los conquistadores romanos). Los pobres eran medio atrasados: fíjense que llevaban a cabo sacrificios humanos. Por suerte luego los invadieron los romanos del Imperio y, para erradicar esas bárbaras costumbres, lo primero que hizo el cónsul por orden del emperador Augusto fue pasar a cuchillo a todos los sacerdotes, no fuera cosa que insistieran con eso de matar.

El asunto es que aún mucha gente perteneciente a religiones que no adhieren a la reencarnación, lo hacen secreta, personalmente.

Joel Whitton y Joe Fisher son los autores de *La vida entre las vidas*, y se juegan con teorías tales como: *Cuando Jesucristo dijo "el Reino de los Cielos está en vosotros" es probable que haya estado refiriéndose al Superalma que contiene una multitud de personalidades que se materializaron en vidas previas...*

¿Qué tal? Muchos pueden preguntarse qué tiene que ver la reencarnación con el tema central de este libro. Si lo han hecho, este libro no es para ellos, ya que todo lo que ocurre o puede ocurrir después de lo que llamamos "muerte" tiene que ver aquí. No es el intento soberbio de querer descubrir un velo que estuvo allí por miles y miles de años. Es tan sólo la necesidad, la desesperación de investigar y analizar cada cosa nueva que tenga que ver con el tema. Si nos ciega el prejuicio de la religión fanatizada, de una ética mal entendida, de un complejo personal, estamos listos. Como decíamos al principio: mirémonos el ombligo mansamente y esperemos al Gran Momento con resignación y estupidez. Yo no voy a dejar de creer tan

sólo por querer. Más aún: creo que todo esto aumentó
mi fe y lo seguirá haciendo.

Volviendo a lo de las reencarnaciones. Hay puntos
en común con algunos "sentimientos" de la NDE o Gran
Experiencia.

Por ejemplo, este testimonio de una asistente social
que mediante hipnosis pasó por siete de sus anteriores
vidas. Según dijo, bueno.

> *En el trance siento un neto cambio físico*
> *cuando paso por una muerte anterior. Mi*
> *cuerpo se expande y llena toda la habitación.*
> *Entonces me inundan los sentimientos de*
> *mayor euforia que he conocido. Esos senti-*
> *mientos se acompañan con la conciencia y*
> *entendimiento de qué soy, de mi razón de*
> *existir y del lugar que ocupo en el universo.*
> *Todo tiene sentido. Todo es perfectamente*
> *justo. Es maravilloso saber que el amor es el*
> *que controla.*

El amor es el que controla. El amor, la manera de
sentirlo en forma plena y sin esperar nada a cambio,
ese amor total, está mencionado en todos los casos de
gente que sufrió la Gran Experiencia, incluyéndome.
Y dije TODOS los casos. En este mismo capítulo el
teólogo Quiles lo menciona como fundamental, como la
clave y la llave de todas las puertas que abren secretos
aparentemente inalcanzables. Todas las religiones lo
ensalzan y lo explican como pueden. Todos los hombres intentan definirlo, aunque más no sea. Una de las
más bellas definiciones –y disculpen que siga con esto
de la religión, pero es que me apasiona lo de mágico
que toda religión contiene– está en el Nuevo Testamento, en el Libro de Corintios 13. La más exacta de
las traducciones –desde el punto de vista religioso y
etimológico– habla allí de "la caridad", mientras que
otras Biblias evangélicas prefieren llamarlo "amor". No
es mal momento éste para enterarnos que son sinó-
nimos. El amor no es conseguir llevar a la cama a una

dulzura de 18 años; ni lo es sentir el pecho inflamado porque la hija de uno es elegida como la más creativa de la clase; ni lo es el abrazo al amigo que las está pasando muy mal o muy bien; ni lo es un beso o una caricia. Cualquiera de esas cosas puede ser amor, pero el amor no es alguna de esas cosas a secas, que pueden ser llamadas y sentidas como pasión, orgullo, compasión, comprensión, piedad y cien etcéteras más.

La caridad –el amor en su estado puro– es lo difícil de tener, mantener y promover. Aquí, para hacerlo más sentimental, llamemos sin embargo "amor" a lo que San Pablo, en su carta a los Corintios, definía así:

> *"Si no tuviera amor, nada me serviría para nada. El amor es magnánimo, benigno. El amor no envidia, no se jacta, no se infla, no es deshonesto, no busca lo suyo, no se irrita, no toma en cuenta el mal; no se alegra de la injusticia, antes se congratula con la verdad. Todo lo disimula, todo lo cree, todo lo espera, todo lo soporta".*

¿Qué tal? ¿Cómo andamos de amor? ¿Cómo andamos de caridad? La definición de Caridad, a la vez es "virtud teologal por la cual lo principal es el amor a Dios y el amor al prójimo como a sí mismo". Todo lo escrito sobre el cristianismo en los últimos dos mil años puede resumirse, sin posibilidad a error, en esa frase y ese sentimiento. Por favor, relea la definición y pregúntese cuáles de esas cosas usted cumple o, al menos, quiere cumplir. No se equivoque: no estoy jugando al pastor que pretende –y logra– llenar cines con exhortaciones que van desde la caricia hasta el temor divino. Nada de eso. Que quede en claro que acepto al pastor del ejemplo, salvo que alguien me demuestre que miente: en ese caso jamás lo perdonaría aunque a él le importa dos plateas si lo perdono o no. Supongo que le hace bien a un buen grupo de gente, lo que no es poco. Pero no pretendo emularlo. Si rompo la paciencia y otros elementos más palpables con el asunto de releer la Carta a los Corintios y todo eso, es porque sí quiero que me acompañen en mi búsqueda de respuestas. No sé de donde me suena, pero "síganme porque no los voy a defraudar". Si lo hago, lo haría conmigo mismo, y –en ese caso– me sentiría tan mal que me importaría muy poco si Uds. están enojados conmigo.

Pero no les daré esa posibilidad. Cuanto más avanzo en la investigación de esto que empezó con mi propia "muerte", más seguro estoy de que somos casi perfectos. Lástima lo bobos que somos. Y digo bobos en lugar de otra palabra porque no sé a qué hora están leyendo esto y si en una de ésas estoy en el horario de protección al menor. Pero ustedes entienden el sinónimo.

Volvamos a otro declarante de Whitton y Fisher en su libro *La vida entre las vidas*. El hombre dice, textualmente:

> *–Es tan claro, tan bello, tan sereno. Es como acercarse al sol y ser absorbido sin sentir sensación de calor. Uno vuelve a la unificación de todo. Yo no quería volver acá.*

Muchos, muchísimos puntos en común con mi experiencia personal y la de todos los entrevistados que vivieron la GE. Claro que ustedes aún no llegaron a ese punto, a menos que no hayan aguantado y hayan decidido pasar las páginas sin leerlas hasta llegar a mi testimonio personal y saber "qué-sintió-el-tipo-éste-de-la-tele". En ese caso, vuelva al principio porque vale la pena. Si va prolijito, no se vaya porque ahora viene lo mejor. Esto recién empieza.

SEIS

RUMBO A LA MUERTE

*La vida no es más que un
viaje hacia la muerte.*

SÉNECA

UNO NUNCA SABE. Y cuando digo "uno nunca sabe" me refiero a todo y no solo a la muerte. Uno nunca sabe nada. Cree saber, pero cuanto más seguro está del futuro, más "gil de goma" es, por decirlo fácil.

En la mañana del 20 de junio de 1990, el taxi cruzó el puente de la General Paz y –como siempre– me sentí cruzando una frontera de algo, como si del otro lado de Vicente López se hablara otro idioma y se usaran otros códigos. Pero esa vez fue leve, porque iba pensando en que el taxi me llevaba al Sanatorio Güemes, donde me harían un estudio para saber si tenía alguna coronaria medio tapada porque el dolor del pecho venía siendo de aquellos, últimamente.

A mi lado, como siempre, mi amigo-hijo electivo Alfredo Cartoy Díaz. Eran las ocho y media de una mañana preciosa, muy clara, muy asoleada. En cuanto pasamos el puente miré por la ventanilla y le dije a Alfre, seguro de que me entendería: "¡Con este sol!"

–Con este sol ¿qué? –me dijo el muy torpe, que comete la imprudencia de no haber cumplido aún los treinta e ignorar cosas tales como por ejemplo ésa. Para los de su edad o los poco memoriosos, les cuento: en la película *Juan Moreira* de Leonardo Favio –que me

87

encantó hace casi dos décadas, el gaucho muere al
final atravesado por el facón traidor de un tal Cirino
o algo así. Las últimas palabras de Moreira, ya de-
sangrándose, ya con los ojos vueltos medio para arriba
como hacen los actores cuando hacen que se mueren,
fueron –atisbando el día con la precisión de un me-
teorólogo televisivo–: "¡Con este sol!".

Era lindo el invento de Favio: el tipo moría pero lo
que le importaba era que era una pena morirse justo
en un día tan lindo. Francamente poético. A mí me
quedó grabado. Por eso, haciendo una especie de broma macabra teniendo en cuenta que iba rumbo al
Güemes a que anden metiéndome catéteres por las arterias, le repetí la frase a Alfre. Pero el muy pavo debía tener unos diez años cuando se estrenó el Moreira, detalle que se me pasó. Por eso no entendió y
dijo:

–¿Con este sol qué?

Tuve que explicarle, lo cual –como es obvio– le
quitaba toda la gracia al asunto. Además no era lo
mismo Rodolfo Bebán (el Moreira) aferrándose al muro
donde lo ensartaron por la espalda –con perdón–, y
aferrándose a sus últimos segundos de vida mientras decía con su tono de excelente actor "¡Con
este sol!", que yo repitiendo la frase como podía, sin
muro, sin faconazo, sin sangre, sin color y sonido
estereofónico, sin "minitas" a la salida del cine, sin
Lavalle y sin clima. Todo lo que tenía era "ese sol".
Nada más.

Cuando Alfredo lo entendió, entendió también el
"chiste". Y me puteó con cariño. Porque –debo decirlo–
todos los que me rodean temen por mi vida infinitamente más que yo. Y no es que yo sea Indiana Jones.
Es que mi fe (como una roca) y mi sentido del humor
(como unas castañuelas de chocolate), me han hecho
pasar como aceptables momentos que hubieran sido
insoportables. El de esa mañana era uno.

Lo que yo ignoraba cuando jorobé con el asuntito
del sol, es que dos horas más tarde de la *boutade* iba
a estar realmente muerto y sin siquiera tiempo para

decir "con este sol" o "por qué no se van todos a la...",
adonde fuera, vea.

Lo que pasa es que la cosa venía con ensayo general
hacía poco menos de dos años, desde noviembre de
1988. Le cuento, breve y didácticamente.

Algo que descubrí (¡Cuánto descubrí de la vida
buscando entre la gente datos de la muerte!) es que,
cada vez que yo hablaba frente a una nueva persona
de los primeros síntomas que me llevaron finalmente
al infarto de miocardio, esas personas invariablemente
se desesperaban, en diferentes grados, interesándose
por cuáles habían sido aquellos síntomas iniciales.
Obviamente comparaban con algo de sí mismos.

–¿La cabeza te dolía, a la noche? –preguntaban por
ejemplo.

La cabeza jamás me dolió por mis problemas
cardíacos, pero era evidente que a quien me preguntaba
sí le dolía la cabeza de noche y tenía (¿quién lo duda?)
un susto padre de que la cosa se estuviera acercando
por el "bobo", como le decimos los porteños al corazón.
El bobo –a propósito– es tan sólo un músculo, pero
tirando a importante ya que bombea sangre (y oxígeno,
claro) a todo el cuerpo. A alguien se le ocurrió llamarlo
"bobo" porque trabaja las 24 horas del día sin recibir
nada a cambio. Todo un filósofo el que inventó el
apodo. No sólo no le damos nada a cambio, sino que
le llevamos problemas. Lo que los cardiólogos llaman
"Factores de Riesgo". Y aquí aprovecho para comenzar
a contestar públicamente lo que a tantos preocupa:
como NO llegar a lo que yo llegué.

Los Factores de Riesgo base, los más importantes,
son seis. Cualquiera de ellos puede traer problemas.
Cuantos más se junten, peor para el que los tenga. No
es lo mismo enfrentarse a un tipo forzudo que a una
patota de tipos forzudos. Éstos son los seis forzudos
base:

1) *Estrés*
2) *Tabaquismo*
3) *Sedentarismo* (no hacer un pomo)
4) *Herencia*
5) *Colesterol alto*
6) *Hipertensión* (Presión alta)

Después hay otros, menores. Pero los más gordos, los "heavy infarto", son esos seis.

Yo fui por primera vez a un cardiólogo –Pablo Boskis, joven, sereno, comprensivo, eficiente y afectuoso– cuando en 1988 comenzaron los primeros síntomas de que algo no andaba bien ahí adentro. (Atención, hipocondríacos, que ahora viene lo mejor: si no sintieron nada de lo que sigue, seguramente esta misma noche tengan suerte si se lo meten bien en la cabeza).

Al principio me dolía la parte trasera del cuello. Allí parece que se apretujan los músculos y hacen un pequeño desastre. Recuerdo que me hicieron unas radiografías (por mandato de un médico clínico) para saber si alguno de esos huesitos que tenemos allí estaban mal enganchados. Pero no. Y el dolor seguía. Luego se fue ampliando. Empecé a sentir unas puntadas agudas, como cuchillitos, en alguna parte del pecho. Solo de vez en cuando pero especialmente –nunca lo hubiera imaginado– cuando estaba en reposo, por la noche. Con el tiempo me enteré de que hay un cuadro llamado "angina nocturna" y que se da justamente en reposo porque la sangre no tiene tanta fuerza ya que las pulsaciones bajan cuando uno descansa (lo normal son unas setenta y cinco; en reposo total se puede llegar a treinta y cinco o menos pulsaciones por minuto). Por entonces yo no sabía ni qué cosa era una pulsación. Fui preguntando mientras avanzaba lo mío.

Al cabo de un corto tiempo de puntadas agudas, comenzó a dolerme el hombro izquierdo y luego el brazo y hasta la mano. Era un dolor que iba y venía cuando quería. Era seco, impersonal, molesto, soportable pero de indudable mal agüero. Algo andaba mal.

El cuchillito agudo del pecho arrancaba como molestia, iba subiendo hasta transformarse en dolor, llegaba a su cenit y luego bajaba como había subido. Todo esto en unos cuarenta segundos. Intensos pero soportables. Además, ya sabía que duraban eso y se iban. hasta que una noche no. Yo estaba en la cama matrimonial. Acostado, mirando la tele. Debajo de mi brazo derecho y abrazada a mí estaba Rocío, mi hija (por entonces de diez años), que se había quedado dormida. Rosita, mi mujer, estaba adelante –en la cocina, a unos veinte metros pero con puertas de por medio–, arreglando todo para el día siguiente, 10 de noviembre de 1988, jueves.

Arrancó el dolor como en esos últimos días. Desde abajo. Una molestia que iba rindiendo materias y aprobándolas para recibirse de dolor. Comenzó a subir en intensidad. Yo me puse tenso, como cada vez anterior, pero ya me sentía canchero en ese manejo. Todavía no sabía que no es uno el que maneja a las enfermedades, sino al revés.

El dolor subió en la escala, lento pero firme. Ya había llegado al punto en el que solía comenzar a bajar hasta desaparecer. Pero seguía, sin embargo, creciendo. Ya dolía mucho. "Dios mío, voy a morirme ahora", recuerdo que pensé con absoluta certeza. Y mi única preocupación: "No abrazado a Rocío, por favor. No puedo morir abrazado a mi hija de diez años. Jamás lo olvidaría ella..."

Es cosa seria lo que uno piensa en los momentos críticos. Como pude saqué el brazo derecho –que no dolía– de debajo de la cabecita de Rocío. La aparté suavemente mientras el dolor ya se estaba transformando en algo insoportable. Rocío seguía durmiendo, gracias a Dios. Yo me senté con esfuerzo en el borde de la cama. Me dolía el brazo izquierdo, la espalda, la nuca, el pecho, por sobre todo el pecho donde esa ave de rapiña me mordía y me mordía.

A los tropezones logré llegar hasta la puerta de la habitación. Nunca había imaginado que la cocina quedara tan lejos, tan fuera de mi alcance. Volví a la cama porque sabía que a la cocina –donde estaba Rosita, mi único cable a la vida en ese instante– no llegaría.

"Es un infarto", pensaba yo. "Esto es un infarto y me estoy muriendo."

Me rebelaba, no quería morirme, era muy joven, qué joder.

Junto a la cama manoteé el teléfono y moví la horquilla varias veces. Rosita –Dios sea loado– levantó el aparato de la cocina.

–Rosi... Me duele mucho. El pecho. Esta vez no pasa...

En segundos Rosita había llamado a la ambulancia de Vital, uno de esos servicios –benditos sean– que ahora hay en muchos barrios y que llegan en minutos con lo necesario; me había puesto boca arriba en la cama; había retirado la almohada y había llevado a Rocío a su habitación. En menos de tres minutos invadieron la casa un médico, un enfermero y un ayudante mientras dejaban la ambulancia en medio de la calle con las puertas abiertas por si había que llevarme.

Isordil: pastillita minúscula de nitroglicerina debajo de la lengua. Luego supe los dos porqué: debajo de la lengua porque el efecto es mucho más rápido que tragándola; ese efecto consistía en agrandar las arterias (vasodilatador), lo que permitía que pasara más sangre y el dolor del pecho (angor, angina de pecho, dolor precordial) cesara.

Luego, también supe lo que ustedes sabrán antes: el dolor es producto de alguna anomalía cardíaca, pero no se puede saber cuál. Lo que más o menos se sabe, es que no le llega al corazón toda la sangre que debiera, por lo tanto no le llega tampoco oxígeno suficiente, y en consecuencia sufre, produce dolor. Esto, en el mejor de los casos. El doctor Luis de la Fuente, una eminencia en Hemodinamia en toda América y Europa, es el jefe del área del Güemes y tiene una frase –entre muchas– que es notable para el caso del que hablamos: "El dolor es un lujo". Y es así. Estamos los que sentimos lo que yo describí y nos da tiempo a la ambulancia, el Isordil, el electrocardiograma, los análisis, la posible salvación. Y están los que "pero si nunca tuvo ni un solo dolor", y mueren de un infarto masivo sin que nadie entienda nada. El dolor es un lujo. Y Luis de la Fuente es un genio como filósofo, además de como cardiólogo y como persona. El dolor es la alarma que avisa. Si no está, lo que aparece de repente es directamente la muerte. Una lotería, porque no hay nada que indique quiénes sienten dolor y quiénes no. Y mucho menos por qué.

Volvamos a aquella noche del dolor. Me controlaron. No era un infarto, pero debía consultar al día siguiente a primera hora a mi cardiólogo.

Fui a verlo a Pablito Boskis. Ya me había hecho análisis de sangre, ergometría (caminar sobre una cinta móvil para ver hasta cuánto uno aguanta y si es constante el pulso de acuerdo al esfuerzo), examen con rayos gamma (similar al anterior pero más minucioso en detalles), el Holter (hay que andar veinticuatro horas con un grabador a cuestas que va registrando –sin cesar– un largo electrocardiograma mientras uno va anotando a cada hora qué hace: 18:05 hago caca; 19:34 discuto con un tipo de otro auto; 21:14 hablo con mi amante (ojo; es sólo una manera de decir). Luego se comparan las horas, las actividades y los registros del electro permanente, y se sacan conclusiones.

Muy bien, en mi caso todo daba bien. Ni hablar de los electrocardiogramas: perfectos, como si tuviera veinticinco años. Pero yo no podía quitar de mi cabeza que el actor Ernesto Bianco –hace unos cuantos años– salió de la clínica donde fue a chequearse con un resultado por completo positivo y cayó –prácticamente ya muerto– en la vereda del centro de salud. También luego supe que los problemas cardíacos son como las huellas dactilares: no hay dos idénticos. Parecidos sí, pero idénticos no. Tipos que tienen unos cuarenta años, no fuman, comen moderado y hacen deportes pero les da un infarto masivo sin aviso y mueren después de un partido de tenis, como un amigo mío.

Otros que se comen todo, se fuman todo, ya tuvieron un infarto y los muy cerdos viven una vida más o menos espectacular porque la disfrutan. No se sabe. Los médicos (y los cardiólogos argentinos están, sin vueltas, entre los mejores del mundo: Bertolazzi, Favaloro, Benetti, de la Fuente, los Boskis, Liotta y muchos otros, son consultados de cualquier lugar del planeta no por ser argentinos, sino a pesar de serlo) los médicos, decía, tienen un oficio fenomenal y una intuición casi paranormal. Pero los de acá y los de donde se le ocurra, lo que tienen son pautas de base y nada más. Después arréglate, viejo. Un fulano siente dolor en el pecho: hay que averiguar qué es e intervenir. Punto. No hay magia ni médicos-brujos en esta tribu. Ni en ninguna otra tribu del mundo.

Por eso, como el dolor había atacado con todo, y en lugar de durar 40 segundos duró más de tres minutos con intensidad en ascenso, algo pasaba. Lo último que quedaba por hacer, se hizo. Me había resistido hasta entonces, pero no quedaba otra: se llama cinecoronariografría. "La cine", para abreviar. O "el estudio", como se la llama en Hemodinamia. Consiste en: paciente acostado en mesa de quirófano, un catéter que ingresan por el brazo derecho (llega más fácil, yo siempre hubiera jurado que el izquierdo estaba más cerca del pobre bobo), y un líquido de contraste que lanzan por ese mismo catéter y que inunda las tres coronarias (¿sabía que tenemos tres? Nada más). Todo eso se va filmando en 36 mm y se va viendo en monitores de TV que rodean la sala. Luego se analiza la película y, por el líquido de contraste, se advierte fácilmente cuál arteria coronaria está en posición adelantada y hasta en qué porcentaje. Por ejemplo: en aquel 1988 se descubrió –aunque todo lo demás no lo había denunciado– que la principal de las coronarias (la descendente anterior. Las otras son la derecha y la circunfleja) estaba severamente obstruida. Imaginen un caño por el que pasa agua a cierta presión y que ha ido cubriéndose de sarro hasta que, en un punto, no pasa el 100% del agua sino apenas un 15%. Así era la cosa con mi coronaria, con la diferencia de no ser agua sino sangre y no ser sarro sino plaquetas originadas por tres de los factores de riesgo de los que hablaba al principio: estrés, tabaquismo y sedentarismo.

En ese orden. Y "chupate esa mandarina" los que están seguros de que el trabajo en la tele es una papita. Puede serlo, pero la política, los acomodos, la corrupción a veces, el negarse uno a perder la dignidad, hacen que más que una papita sea una caquita. Pero ese es otro tema.

Duración de mi cinecoronariografía en 1988: veinte minutos. Jorge Wisner, mi amigo de hoy, fue el encargado del estudio. Era un viernes, yo tenía la máquina de joder encendida, y estaba seguro de que al finalizar el examen me dirían que no tenía nada y que me fuera a casa. Estaba un poco asustado, eso sí, por tanto barbijo, tanta cosa aséptica, tanto rigor, tanto metal. Pero, una vez más acudieron como el Llanero Solitario en mi ayuda dos de las facetas de mi carácter que más agradezco a Dios: la fe y el humor.

La fe está, no hace falta explicarla otra vez. El humor aparece como nunca, es la gran defensa, es pensar "si me muero me voy a morir revolcándome de risa o poco menos". "Si me muero no podrán decir que fui un cobarde". "Se la bancó de primera" dirán los médicos. Y uno está ya en el Otro Barrio y no sé muy bien de qué le sirve la opinión esa, pero imagina que su mujer, su hija, sus amigos, dirán algo así como "las tenía bien puestas" (las botas, digo, como en aquella película). Y como uno es vanidosillo hasta el final, hace chistes, aunque el único motivo por el cual no se caga encima es que lo obligaron a estar en ayunas las últimas 18 horas: ¿qué va a cagar, entonces? Yo creo que lo del ayuno, más que nada es por eso. El caso es que veinte minutos bastaron.

No dolió, ni siquiera molestó. Anestesia local, el catéter ni se siente al entrar en la arteria (gran temor mío; ¡lo terrible que debía ser un caño avanzando por una arteria!) ya que éstas no tienen en su interior terminales nerviosas que son las que provocan dolor si se las excita. Todo diez puntos. Salvo el diagnóstico dos horas después, en la habitación donde me hallaba esperando acostado que llegaran Boskis y Wisner, a contarme que estaba todo bárbaro, que lo mío había sido un error y que me cuidara al cruzar la calle; nada más. Pero no.

Llegaron Boskis y Wisner con cara de jubilado a mitad de mes, y dijeron para mi sorpresa:

–Mira... Las noticias no son del todo buenas...

Empezamos bien, pensé, mientras la sangre se me helaba como si me hubieran dado una endovenosa de nieve. No obstante, traté de mantenerme bien.

–Tenés obstruida una coronaria en un 85%. Te pasa sólo el 15% de la sangre. Por eso duele.

Yo estaba más en bolas que Tarzán cuando lo bautizaron. No sabía ni siquiera cuántas coronarias teníamos, qué era una coronaria, qué era la sangre, qué sé yo; esas eran cosas que le pasaban a los demás. Pero, si hay que morirse que sea con dignidad, me dije. Yo soy del siglo pasado: creo en el honor, la honradez, el encarar lo peor con la frente alta.

Por dentro hacía cuentas de cuánto tiempo podrían vivir Rosita y Rocío con los pocos dineros que tenía en la caja de seguridad, ya que Rosita –debo decirlo aunque la adoro– es tan buena administrando la plata como Jack el destripador debe serlo como Gerente de Relaciones Públicas de algo. ¿Qué pasaría tres meses después de mi muerte? ¿Habría que cambiar a Rocío de colegio, por ejemplo? No, el Buen Ayre tiene becas para estos casos, menos mal. ¿Y lo demás? ¿Cómo haría Rosita para sobrevivir, a pesar de su trabajo, si para ella es lo mismo un dólar que un yen, o un austral que un maravedí?

Eso por dentro. Y juro que era mi principal preocupación. Una vez más –hasta allí, donde yo estaba convencido de que mi parca estaba cercana– la fe venía en mi ayuda.

Por fuera la cosa venía seria, pero digna. Casi inmutable pregunté:

–¿Qué porcentaje de posibilidades tengo?
Me refería a sobrevivir, sencillamente. No fue así la respuesta.

–Estadísticamente un 60% de que todo salga bien.

Me corrió un frío por la espalda. Así fue. Pero con altura. Estaban ellos dos y Rosita, nada menos que mi mujer. No podía mostrarme como un pusilánime. Y, en verdad, yo mismo me asombré de mi coraje.

–Un 40% de posibilidades de morirme –dije frío y con la mayor naturalidad que pude reunir.

–¿Quién habla de morirse? Un 60% de que una angioplastia salga bien y ni siquiera sea necesario un by pass. De morirse, nada.

Un poco me decepcioné, pero admito que respiré más profundo. Cuando todo pareció estar en su lugar me animé a preguntar:

–¿Y qué es una angioplastia?

–Es como destapar una cañería, para decírtelo a lo bruto. Se mete un catéter por tu arteria femoral (en la ingle), y se llega hasta el lugar donde tu coronaria está obstruida.

–¿Y cómo se llega ahí?

–Porque aquí Wisner, que hace diez años se dedica a eso aunque sólo tenga treinta y cuatro, va manejando el catéter con un control que lo mueve hasta llegar a la arteria obstruida...

–Como un jueguito de video game...

–Si te gusta así, vale. Más o menos. Una vez que llegó al lugar de la obstrucción detiene el catéter, desde afuera infla un globito que sale de dentro del catéter (se llama el método *baloon*, balón) y este globito, inflado a presión, aprieta lo que produce la obstrucción contra las paredes de la arteria, liberando el lugar para que vuelva a pasar la sangre y no te duela más. Porque el dolor es debido a que al llegar a ese punto lo que pasa de sangre y oxígeno no es suficiente. Hay que liberarlo. Una forma es la operación de by pass, es decir que te abren el pecho, te sacan una porción de arteria de una pierna y te la ponen en el lugar donde tenías obstruido. Otra posibilidad –no siempre posible– es ésta: la angioplastia. Menos cruenta y hay que esperar no menos de tres meses para saber si funcionó bien.

–¿Cuánto hace que existe esto?

–Quedate tranquilo, no estamos usándote de conejito de Indias. Esto forma parte de Hemodinamia y aquí hace ya más de diez años que se hace y con éxito grande, de acuerdo a las estadísticas.

–Hablando de estadísticas... ¿Qué porcentaje existe de que me quede allí o tenga un problema más grave?

–Un dos por ciento, no más.

–Otra cosa: ¿qué me puede pasar si decido no hacerme nada?

–No es lo que te PUEDA pasar. Es lo que TE VA a pasar. Dentro de una semana, un mes o un año la arteria estará obstruida por completo. Un 100%. En el momento en que eso ocurra la arteria revienta y muere. Lo que se conoce como un infarto. Te quedarían dos arterias para llevarle sangre al corazón, pero la que tenés obstruida es la más importante de las tres.

–¿Podemos hacerlo hoy mismo? –dije no por ser valiente, sino porque nadie me saca de la cabeza que los tragos amargos hay que pasarlos cuanto antes, para no dar tiempo a la máquina de pensar.

–No, ya es tarde. Y es viernes. Si estás de acuerdo lo haremos el lunes por la mañana temprano.

–Está bien. ¿A qué hora tengo que volver?

–¿Volver? ¿Estás loquito? Vos no te movés de acá. Lo siento, pero no podés andar por la calle dos días y medio con una bomba de tiempo activada en el pecho.

–Te agradezco la tranquilidad que me das. Me siento mejor.

–Vos insistís que te gusta "a la americana", decirte las cosas tal como son, sin adornos ni ocultamientos... Bueno, así está lo tuyo.

En el fin de semana tuve tiempo de pensar. No tenía ni siquiera derecho a preguntar "¿Por qué a mí?". Yo tenía la respuesta: Porque me fumaba un paquete y medio por día; porque mi ejercicio más violento era bostezar y –por sobre todo– porque, como dice Rosita, pienso tanto que hago ruido y no la dejo dormir. El estrés, que Dios lo tenga en el peor de los infiernos. El estrés. No el de trabajar mucho, bendito y bienvenido sea. El de no saber qué pasará el mes próximo, algo muy propio de mi trabajo. "¡Señoras y señores, con Uds. y en función especial: las coronarias de Víctor Sueiro!" Así presenté mi propia intervención. Mi amigo Wisner se reía y el resto del equipo supongo que agradecía no tener uno de esos dramáticos que deben ponerla más difícil que nunca.

La enfermera que me afeitó cercano a la pelvis para entrar por ahí con el catéter se llamaba Elvira. Me sentí en la obligación de explicarle que nunca me había caracterizado por las proporciones abundosas de mis partes más íntimas, pero que esa vez supiera entender que todo estaba más reducido que nunca en virtud al susto que tenía. Aquello era lastimoso, pero ya los quiero ver a ustedes.

Vamos a "hacerla corta" (no me refiero a lo anterior sino a la historia). La angioplastia –la limpieza de cañería– duró unos veinticinco minutos, cuando es habitual que dure no menos de noventa. Todo muy grato, viendo yo en los monitores lo que iba ocurriendo, mirando mi corazón, el catéter que avanzaba, el globito y el dolor por un minuto al ocupar el balón toda la arteria y no dejar pasar sangre. Pero enseguida el alivio. El retiro del catéter. "¿Ya está?". "Sí, señor, ya está. Ahora, si querés que te haga otra, avisá nomás..." No avisé.

Internación de tres días y a casa.

No más dolor. No más pena. Amigos nuevos: Boskis, Wisner, el enfermero Ernesto, Elvira, Ana María, Hugo, Amalia, Carmen, Beatriz, de la Fuente, el turco Mrand, Peñaloza, Armani, todos. "Si esto es así de fácil", pensé, "yo sigo fumándome todo, comiéndome todo y no moviéndome nada."

Pero Dios y yo sabemos cómo me equivocaba.

Luego lo supieron todos los demás, en junio de 1990.

SIETE

VALE LA PENA SABER ESTO

Tales de Mileto decía que no existía diferencia entre la vida y la muerte. "¿Por qué no mueres, entonces?", se le dijo. "Porque no hay ninguna diferencia", respondió.

DIÓGENES LAERCIO

YA HABLAMOS DE LA DOCTORA KÜBLER ROSS Y DEL DOCTOR MOODY, verdaderos pioneros en esto de la Tanatología (Tanatos: muerte; Logos: conocimiento). O, para ser más precisos, en esto del viaje de Ida y Vuelta que no es exactamente estudiar la muerte sino –como dijo el padre Quiles hace unas cuantas páginas– "tocarla con la punta de los dedos" y poder contarlo. Kübler Ross y Moody aprendieron –muy, muy pronto– que tenían que luchar contra una buena cantidad de gente, en especial contra sus colegas, los médicos. Pero también aprendieron que la única manera de defender aquello que investigaban era poniéndole el pecho (con perdón de la doctora) a las dificultades y a los dificultantes.

Luego vino la parte linda del asunto: comenzaron a advertir que se sumaba gente erudita y se ponía codo a codo con ellos. Ya había muchos legos que se habían apasionado con la idea: los millones de ejemplares que vendió Moody de su primer libro así lo probaban. Pero después, poco a poco, la cosa creció entre el mundo científico. Hubo casos de maravilla, casi graciosos.

MICHAEL SABOM, por ejemplo, un muy reputado cardiólogo texano, duro, pragmático, inflexible, de los de "al pan, pan". Nada de filósofo, ni psicólogo, ni

estudioso de los espíritus, no. Cardiólogo. Y de los que
van al grano. O al músculo, en este caso.

Sabom, de origen religioso protestante, mantuvo
una suerte de discusión con un grupo de vecinos
parroquiales que comenzaban a gustar de los estudios
de Moody. Sabom tildó a Moody, frente a aquellos
dulces feligreses, poco menos que de farsante, sin-
vergüenza e inventor de historias escandalosas. Pero
–en la intimidad– no pude reprimir leer el libro recién
editado (esto ocurría en 1976) y luego empezar a
investigar por las suyas. Al principio se topaba con el
asombro (el propio, claro) y luego con la fascinación.

Un paciente al que detecta –un obrero de cierta
edad–, no sólo le cuenta su experiencia en medio de
la operación cardíaca que le estaban realizando, sino
que agrega detalles que hacen que el riguroso doctor
Sabom abra la boca como si estuviera frente a su
dentista:

*–No me pregunte qué pasó porque maldita
sea si puedo contarlo. Lo único que sé es que
cuando me habían abierto el pecho y sacaron
fuera del cuerpo mi corazón, yo estaba allí,
mirando todo desde algún lugar que quedaba
más elevado según recuerdo. No me asusta-
ba eso. Lo que sí me sorprendía era ver a mi
propio corazón ahí, en las manos del médico.
Me asombraba porque enseguida me di cuenta
de que no tenía la forma que yo siempre
imaginé en un corazón. No era como esos que
se dibujan en la corteza de los árboles para
escribir el nombre de dos que se quieren. Ni
parecido. Desde donde yo estaba parecía el
mapa de África. Tenía un tono colorado pero
suave, como rosadito... Y en algunas partes
algo desagradable y amarillo que me daba la
sensación de ser grasa y me producía cierto
asco. Y eso que era mi corazón... No entiendo
cómo el médico lo mantenía con tanta tranquilidad en sus manos.*

A este hombre se le van sumando otros. Hombres y mujeres que relatan sus experiencias de salir del cuerpo, de la sensación que eso les producía, algunos de verse a sí mismos desde arriba. El riguroso doctor Michael Sabom prepara un informe (ciertamente también riguroso), pero apoyando por completo todo lo que aquellos testimonios de gente que no se conocía entre sí no hacían más que confirmar.

Se amigó con los feligreses de su iglesia, sí, pero esta vez se enojó con una buena porción de la comunidad médica, que por entonces (reitero que esto empezó en 1976) despreciaba lo que para ellos eran solo alucinaciones. Así se negaron terminantemente a publicar un muy buen trabajo suyo sobre el tema en la Revista Médica. No había objeciones científicas, ya que Sabom era meticuloso y precavido y se había cuidado de pasarse de la línea, pero "el tema era algo que no cabía en una Revista Médica". Pobre Sabom, le devolvieron su propia medicina del principio.

Ahora, con institutos especializados en el tema, cuántos de aquellos que se negaron a aceptarlo estarán apasionados. El género humano parece necesitar algo así como una aprobación oficial para hacerlo todo sin sentirse culpable. Si uno no supiera que el presidente Bush, o Menem, o la Reina de España, o Kim Basinger hacen caca igual que nosotros, sentiría culpa cada vez que lo hace. Pero ellos, los astros de cine, los cardenales de la Iglesia, las sonrientes azafatas y los habitualmente barbados rabinos, nos quitan la culpa al hacerlo tal cual lo hacemos nosotros: oficializan el acto universalmente. Por eso, como el tema de lo que ocurre al morir ya ha sido prácticamente oficializado, y hoy hay importantes personalidades que –aunque no se animen aún a apoyarlo– por lo menos no lo niegan de manera alguna (y mucho menos se ríen de él, a menos que sean muy brutos, los pobres), rebaños de viejos negadores se suman y llenan la ficha.

Los que se separan del rebaño y buscan nuevos pastos, son los que confirman que el hombre es el único animal inteligente del planeta. No importa cómo vistan, caminen, cómo sean por fuera. Lo que importa es que piensan sin detenerse a pensar lo que la gente piensa de ellos, por el solo hecho de que ellos piensen.

KENNETH RING es uno de esos fulanos, Dios lo guarde. Es profesor de psicología y el primer director designado del IANDS. La sigla significa *International Association for Near Death Studies* (esto es: Asociación Internacional para el Estudio de la Cercanía con la Muerte). Adviertan un par de cosas: ya en 1980 existía esto que es un instituto especial para el tratado del tema a través de expertos y ya entonces se lo calificaba de "internacional", porque la ortodoxa Europa colaboraba –aunque al principio con tibieza– con aquello que venía despreciando.

Los integrantes del IANDS tenían miles de testimonios y estudios realizados alrededor de la Gran Experiencia. Como dice Patrice Van Eersel en su libro: "Los sabios estadounidenses (se refiere a los del IANDS) ya no trataban de averiguar si había "algo interesante" que se producía en la cabeza de la gente en el momento de morir. Estaban convencidos. O, mejor dicho: lo sabían."

Van Eersel visitó el Instituto en Nueva Inglaterra, Estados Unidos. Habló con Kenneth Ring y se enteró, entre otras cosas, de que muchísimas personas habían vivido la Gran Experiencia mientras sus corazones habían dejado de latir.

"Pero, si esto es tan frecuente, ¿por qué no estamos todos enterados desde hace mucho?", preguntó el periodista. "Por dos razones fundamentales", explicó Ring. "En primer lugar porque los que pasan por una NDE se resisten a contarla por temor a que los tomen por dementes. Mucho más si cuentan la parte más interesante: que la pasaron realmente muy bien al estar *muertos*. La otra razón es que recién hace muy poco tiempo que hay tantos casos y esto se debe a que los métodos de reanimación se van perfeccionando día a día. Gente que hace unos pocos años hubiera muerto, hoy vuelve a su vida de todos los días como si nada.

Diez años más tarde de esta entrevista habría otra, sobre el mismo tema. Yo le pregunté a la psicóloga Moscoloni por qué algunos pacientes hablaban del tema y otros simplemente decían no recordar nada.

"Los que te dicen no recordar nada durante su paro cardíaco, por ejemplo, no necesariamente te están mintiendo. Algunos pueden hacerlo porque tal vez teman que lo que cuenten los hará aparecer como locos (lo mismo que había dicho Ring) o casi locos. Pero hay otros que no te mienten y ni siquiera se mienten a ellos mismos: simplemente ocurre que una especie de mecanismo de autodefensa hace que se les borre lo que sintieron, y que se les borren aún los momentos previos a la pérdida del conocimiento. Es la negación del hecho. No quieren recordarlo, así de sencillo... Aunque después se les cuente que no habían estado muertos clínicamente, que su cerebro seguían funcionando. Ellos olvidaron. Esto sería una posible explicación desde el punto de vista psicológico, pero hay otra desde el punto de vista puramente biológico. Esa te la puede explicar mejor Jorge."

Jorge es –ya deben saberlo– el doctor Jorge Wisner, mi médico de pechera (siempre hurgándome en esa zona), así como otros tienen médico de cabecera. Le pregunté a él, entonces.

–Sí, hay un mecanismo biológico por el cual mucha gente borra lo que le ocurrió cuando eso fue shockeante, o cuando costó mucho recuperar a ese paciente por no responder enseguida a una serie de choques con el defibrilador o, también, por mantenerse en coma por tiempos más o menos prolongados. En esos casos se producen

estados de amnesia que abarcan no sólo el
momento de la pérdida de conocimiento sino
a veces mucho antes. No hace mucho un
hombre iba caminando por la calle, en pleno
centro, rumbo a su oficina. Entró al edificio,
esperó al ascensor, subió hasta su piso,
saludó a varios en ese lapso, entró a su
oficina y allí cayó con un paro cardíaco.
Afortunadamente había médicos en el edificio y lo sacaron del trance. Cuando, unos
días más tarde, se le hizo el interrogatorio de
rutina, él aseguró que había perdido el
conocimiento en la calle. Era lo último que
recordaba. Nada de caminata, ni edificio, ni
ascensor, ni saludos, ni oficina. Hay casos
en los que a algunos pacientes se les borran
las tres horas anteriores al hecho. Es como
si se rayara el disquette de la computadora.
Así como en un pedacito del cerebro, para
hacértela fácil, está lo concerniente al habla
o al tacto o a tantas cosas, hay un pedacito
para la memoria. Un golpe, una descarga
química o una situación de shock pueden
hacer que ese pedacito altere algo su funcionamiento: una amnesia parcial, por ejemplo.
De la misma manera se pueden dar otros
efectos. La cosa parte de que vos a un
pedacito del cerebro, o a todo, lo estás tor-
turando, como es privarlo de circulación
durante un tiempo. Cuando se la restituís,
todo se recompone siempre que se haga a
tiempo pero, ese tiempito que no tuvo lo que
necesita, es un hueco en blanco, la célula
que debía tomar esa información no pudo
hacerlo, la computadora estuvo detenida.

"Así que es así", me dije sin estar seguro de haber
entendido todo. Pero como lo venía grabando volví a
escucharlo varias veces, y ahora digo con un poco más
de cancha: "así que es así". Por todo eso algunos

recordamos y otros no. Antes de esta explicación llegué a pensar –sin contárselo a nadie– que existía la posibilidad de que yo estuviera loco. Pero la deseché enseguida, porque esas son cosas que le pasan a los demás y porque tenía los testimonios similares de aquí y cientos de los de la bibliografía.

A miles de kilómetros de distancia y a diez años de sus palabras, el director del IANDS, Kenneth Ring, el hombre con nombre de astronauta y apellido de despertador terminaba de disipar mis dudas:

–Nosotros llamamos sobrevivientes a los que habiendo tenido un espisodio de paro cardio-respiratorio o cualquier accidente que les haya provocado una muerte clínica pasajera, han logrado volver de esa situación. Pero no todos los que vuelven cuentan haber vivido un NDE o cualquier otro tipo de experiencia. Actualmente [1980] entre un 40 y un 50% son los que no sólo sintieron algo sino que, además, lo cuentan. Y el porcentaje va subiendo.

Fue Ring y su gente quienes dividieron toda la experiencia –de acuerdo a sus estudios y testimonios–en cinco pasos o "estadios" clave. No todos los que pasaron por una NDE llegaron a todos los estadios. Ring estableció porcentajes; pero no sólo eso: también definió las sensaciones cuidando ciertas formas rigurosas:

De un 100% de personas que lograron volver de una muerte clínica...

PRIMER ESTADIO: El 50% de ellas aproximadamente, asegura haber vivido lo que aquí llama Ring "primer estadio", es decir sensación de flotar en algún sitio, estado de ingravidez, calma y bienestar incomparables.

Muchos recuerdan eso como el mejor momento de sus vidas (curioso que sea precisamente el momento de sus muertes).

SEGUNDO ESTADIO: De ese 50% solamente un 37% siente que se desprende de su cuerpo y que observa la escena desde afuera, viéndose a sí mismo y a los que lo rodean, pero sin que nadie lo advierta.

TERCER ESTADIO: Sólo un 23% de los interrogados por el psicólogo Ring, narra la sensación de ser absorbido por una intensa oscuridad que parecía la de un túnel, y de avanzar por ella a gran velocidad.

CUARTO ESTADIO: Apenas un 16% pudo ver una luz de increíble brillo, de la cual se desprendía una sensación de amor imposible de describir con palabras.

QUINTO ESTADIO: El 10% nada más llegó a este punto en el cual los "sobrevivientes" aseguran haber entrado en esa Luz. Lo que relatan a partir de allí son infinidad de sensaciones diferentes, aunque todas singularmente placenteras.

Aclaraciones:

✰ Los cinco estadios de Kenneth Ring siguen considerándose vigentes. Lo que se ignora son los porcentajes que pueden, y seguramente deben, ir cambiando en la medida en que haya más casos.

✰ Los cinco estadíos no tienen por qué darse necesariamente en el orden que aquí figuran. Hay personas que sienten (o sintieron) el cuarto, por ejemplo, sin haber sentido el tercero. Sin ir más lejos, mi propio caso.

✰ Hay un punto en común con todos los estadios y con los que marcara el doctor Raymond Moody, que enseguida detallaremos: absolutamente todos los sobrevivientes que vivieron la Gran Experiencia resaltan al Amor como lo común en todos los casos, en todas las sensaciones, en todos los estadios. En todos los análisis practicados y aún en aquellos casos en los que no tuvieron inconveniente en ser sometidos a hipnosis para relatar lo experimentado, el resultado es similar. El Amor es la clave.

Si ustedes tuvieron que leer hasta aquí para enterarse de esa última frase, este libro debería llamarse "Chocolate por la noticia". Sin embargo no vayan a creer que hay tanta gente que entiende que la vida o pasa por el Amor o no sirve para nada.

No me refiero a ustedes, claro está.

Aun cuando este libro se esté leyendo fuera de las fronteras de mi país, la Argentina –lo cual es muy posible por diferentes razones–, casi no es necesario explicar quién es él y qué hace.

LUIS LANDRISCINA acaba de editar en toda América Latina los cassettes de audio con sus relatos costumbristas; ya lleva varias giras por la zona, siempre con éxito, y regresó hace poco de un viaje de trabajo por los Estados Unidos de Norteamérica, donde la colonia de habla hispana llenó cada teatro donde Luis se presentó. Además, acordó allí la venta por servicio postal de sus cassettes, lo que le garantiza unos dos millones de ejemplares de venta. Esto, que parece la gacetilla de presentación con una mínima parte nomás del curriculum (de ahí anda medio flaco, eso sí) de Landriscina, es sólo para aquellos que puedan estar viviendo en Singapur y lean la traducción que de este libro seguramente se hará a decenas de idiomas. Qué digo decenas, me traiciona mi modestia. Claro que, si uno lo piensa, la muerte no tiene idioma. Es de todos y de nadie, la muy coqueta. Y lo que pasa después de ella parece ser como los matrimonios ejemplares: al principio todo más o menos bien, lo mejor viene después. No es ni fácil ni imposible, no pongan esas caras.

Luis Landriscina, les decía. Y su curriculum. Que no es ni por un pedacito así lo más importante que tiene y ahora no me refiero al asunto ese de la flacura. Ahora hablo bien en serio. Lo mejor de Luis es él mismo. Su bondad que jamás llega a ser tontería; su manera ÚNICA de relatar una historia de forma tal que uno se va riendo con ganas en cada parrafito, antes de que llegue el desenlace y la explosión; su forma silenciosa y secreta de donar siempre algo –y su propio trabajo– a los que lo necesitan, pero a los que lo necesitan en serio, nada de juntar plata para un viaje de fin de curso a Bariloche ni alguna de esas cosas simpáticas pero lujosas. Luis –siempre en silencio, como digo, siempre sin fotógrafos– hace una función gratis de dos horas para comprar zapatillitas o libros para los pibes de algún lugar del interior del país, olvidado de la mano del Estado. O para sillas de ruedas. O para una operación costosa.

Ése es Luis, al que quiero más de lo que creo. Porque no nos vemos mucho, pero me parece que nos sentimos bastante.

Todo el mundo lo quiere. Y el que no, es porque todavía no lo conoce. Se mandó un "viaje", también él.

–La cosa es así: operación normal, de vejiga, el 29 de enero de este año (1990), a las siete de la mañana. El 30 a la noche es la última visita de ese día del médico que me controlaba y ve todo perfecto. "Bueno", me dice, "mañana ya podemos acarle la sonda de lavado porque la cosa marcha muy bien. Va a poder bañarse solo y... todo lo que tenga que hacer sin ayuda de nadie." Te imaginás: yo, contento porque todo había salido normal, me duermo fenómeno. El 31 por la mañana me despierto con deseos de ir al baño. Estaba con mi esposa, Betty, y le digo: "Ayudame, desconectame el tubo de lavado". Me lo desconecta y voy al baño...

–¿Solo?

–Solo. Yo me sentía bien. Me siento en el inodoro y, de pronto, siento como si se me terminara el mundo. La llamé a Betty y le dije que me hiciera viento, porque me faltaba el aire. Betty entró con un diario y ésa es la última cosa de que me acuerdo estando consciente, hasta que vuelvo...

–¿Cómo volvés?

–Anímicamente vuelvo a la vida con muchísimo dolor. Después me entero de que, según me dicen, estuve casi tres minutos clínicamente muerto.

–¿¿Tres minutos??

–Casi tres minutos, sí. Por eso tenían mucho miedo de que tuviera lesión de algún tipo en el cerebro.

"La reanimación, o el intento de reanimación, tiene que venir cuanto antes", recordé que me había contado Jorge Wisner. "Cuanto más tiempo se tarda en reanimar al paciente, más aumenta el peligro de daño cerebral... En un primer minuto, digamos, de un paro cardíaco-respiratorio, la proporción de daño cerebral que puede haber es mínima... Con dos minutos se está corriendo el riesgo de producir algún tipo de daño cerebral, de edema, pero sigue siendo una posibilidad infinitesimal... A los tres minutos de no lograr la reanimación la cosa empieza a ponerse peligrosa desde el punto de vista cerebral, porque puede dañarse, y un daño en el cerebro –el que sea– es irreversible... Esto no quita que haya habido casos médicamente inexplicables de pacientes que pasaron en mucho ese límite, y sin embargo retornaron con el cerebro intacto... No es lo común, pero puede pasar. En medicina todos peleamos para mejorar el estado del paciente pero, a veces, aunque intentamos darle –y le damos– algún tipo de explicación más o menos científica, el paciente mejora o empeora sin que nadie sepa cómo ni por qué..."

No hay nada más bello que la profesión médica, tal como yo lo veo. Pero no hay nada que implique un mayor desamparo para el que la ejerce. Aún los mejores, los "número uno" en el planeta, dependen de circunstancias que nadie podrá explicarles nunca. Y yo los respeto, los admiro. No porque manejen un poquito apenas el arte de curar, sino porque saben mirar de frente al paciente que ya imaginan perdido, porque le hacen chistes al que creen que no pasa de cuarenta y ocho horas, al que ven cómo se les va como arena entre las manos. Y porque, a pesar de todo, ellos –más que nadie– saben que van a seguir luchando para mantenerlo aquí, y no se van a entregar. Ponen cara de estar más allá de todo cuando la enfermera les cuenta a las ocho de la mañana que "el de la 305 falleció anoche, doctor", frase ante la que no moverán un músculo, preguntarán si los familiares ya lo saben, pedirán un café andá-calentándolo-que-ya-vengo, y se irán al baño a llorar un rato porque ese tipo les caía bien. Parecen, por esa displicencia que aparentan, más frívolos que una matraca de lata. Pero aunque practican lo que los psicólogos los obligan a practicar (disociación, lo llaman, no involucrarse con el paciente, el enfermo es el objeto de nuestro trabajo y eso es todo), no hay nada que hacerle. Los traiciona ser personas, ser latinos, ser buena gente; ser.

Vida complicada la de ellos, que sufren sin poder demostrarlo; que prohíben fumar y no pueden impedir mandarse un paquete por día; que dicen "todo lo que Ud. tiene le viene de acá (señalan la cabeza) así que hay que parar la máquina", mientras ellos –lejos– figuran en las estadísticas entre los de mayor estrés entre todas las profesiones. Cada Día del Médico aparece algún bobo por la tele que refirma que "esos hombres y mujeres se esfuerzan por..." Todos nos esforzamos por diferentes cosas. Ése no es el gran mérito. Sí lo es sufrir por los demás, y ni siquiera poder demostrarlo. Hay que tener mucho huevo, aunque se sea una doctora.

Sigamos con Luisito Landriscina, pobre, que lo dejamos perdiendo el conocimiento, nada menos que sentado en el inodoro de la habitación de una clínica. Dios me perdone pero ¿se imaginan los titulares de los diarios? ¿qué iban a poner?: "Cagó Landriscina" o algo por el estilo. ¿Y las revistas más serias? ¿Cómo se las arreglarían sus siempre mal pagos pero maravillosos redactores para contar la situación? "Landriscina se hallaba en una situación difícil de explicar, en un acto íntimo y solitario que terminó siendo el último de su vida: estaba cagando..." Un verdadero bochorno. Ahí no sirve de nada lo que hablábamos (o mejor, escribíamos) hace bastante más adelante, el asunto ése de que los cardenales, el Papa, los rabinos, los presidentes y hasta las más dulces estrellitas de Hollywood (ni hablar de las nativas) desmitifican el acto de hacer "popó", y lo hacen natural. Minga. Una cosa es hacer caca, y otra cosa es morirse haciendo caca cuando uno es famoso como él. Por aclarar, nomás, permítanme decirles que él sintió también todo esto de una u otra forma ¿cómo evitarlo en esta queja? Lo importante –y que nos permite toda esta elucubración– es que el final fue feliz ya que nada ocurrió. Eso sí: se salvó cagando.

–¿¿Tres minutos?? –me había asombrado yo en el relato.

–Casi tres minutos, sí –continuó Luis–. Por eso tenían mucho miedo de que tuviera lesión de algún tipo en el cerebro...

–¿Adónde ocurría todo eso?

–En la Clínica de la Comunidad Adventista, en Entre Ríos... Todo el mundo la conoce como Puígari, aunque queda en Libertador General San Martín... Puígari es al lado... Es un sanatorio adventista y de muy buen nivel...

–¿Qué pasó en esos casi tres minutos?

–Intentaban reanimarme con todo, yo tirado ahí en el suelo... Había un enfermero de apellido Riquelme, que es chileno. Fue él quien me pudo sacar, porque tenía el físico necesario, ya que otras dos o tres enfermeras no pudieron hacerlo y él me comenta que me hizo los masajes cardíacos –que son los golpes en el pecho– por una cuestión casi de rutina, porque yo ya estaba muerto... Sin pulso, sin respirar, ya estaba muerto... A todo esto –y mientras Riquelme seguía empecinado en pegarme en el pecho y masajearme–, allí .hay una alarma que se llama Código Azul y que hace que venga enseguida el equipo de emergencia. Justo era el cambio de guardia, y entre todos me sacan del asunto con caños de oxígeno, con masajes, con todo...

–¿Qué pasa cuando volvés a la vida?

–Cuando yo vuelvo a la vida... lo único que me acuerdo... después ¿eh? es que yo había visto –mientras estaba muerto– a la señora que me crió, que era mi madrina... Se llamaba Doña Margarita Martínez y era mi madre adoptiva. Yo soy hijo de italianos, criado por mis padrinos, y esta fue mi madre adoptiva la que más tuvo que ver con mi... con mi conocimiento de la ternura ¿no?

El momento del relato, si bien no era tenso de manera alguna, era especial. Para Luis aquella Doña Margarita, su madrina-madre, fue mucho en su vida. Demasiado. Le dio todo y le enseñó el amor a la gente, conocimiento éste que hay grandes sabios que nunca alcanzarán. Luis no es melodramático, y –conociéndolo un poquito– estoy seguro que detesta que alguien sienta por él algo parecido a la lástima. Y ahí estábamos, en la enorme cocina de su casa de La Lucila; él tomaba mate, yo tomaba té, los dos –que debíamos cuidarnos– comíamos bolas de fraile, sin ofender a nadie, y pan casero, ambos hechos por Betty que tiene toda esa cosa de los peñones de chocolate. ¿Vieron los peñones de chocolate? Como el de Gibraltar, pero de chocolate. Y ahí Luis hablaba de la madrina de su Gran Experiencia y los ojitos le brillaban, qué joder. Y qué lindo.

–Margarita Martínez de Rodríguez. Y yo. hijo de italianos. Ella siempre me esperaba, tanto en la época de la escuela como en la época del trabajo. En esa visión que yo tuve mientras estaba muerto, no respiraba, no latía el corazón, y yo la vi como cuando volvía a casa. Ella tenía una capita marrón, tejida por ella, de lana. Era una española de Castilla la Vieja, tenía todas las tradiciones de su aldea de España. Y llevaba la capita marrón, la vi bien clarito, en una actitud de espera. Me miraba, nada más. Y me esperaba. Yo sentía que me estaba esperando. Si te sirve de comentario te cuento que, cuando vuelvo a la vida, vuelvo como con los dolores del parto. Siento un gran dolor en el pecho, en la espalda, en los brazos. Yo no quería volver. Yo, si hubiera podido elegir, hubiera preferido quedarme, volver a la situación anterior que era de placidez total... No tengo memoria de haber visto luz, ni mi madrina estaba en un gesto con la mano extendida como dicen que se suele ver... Simplemente en un gesto de espera y de paz...

–¿Cómo estaba? ¿Sentada...?

–No. De pie. Mirándome y esperándome. Ella solía poner las manitos así, debajo de la capa para cubrirse si no andaba con algo abrigado, porque lo que la cubría era la capita, la capita marrón...

–Esa imagen, Luis, ¿era la de tu madrina cuando vos eras chico o ya cuando eras más grande?

–No había diferencia. Ella se me murió cuando yo tenía veinte años y a su lado yo seguía sintiéndome chico. Era la misma imagen de siempre. Ella fue afectivamente lo más importante de mi vida. Yo no conocí prácticamente a mi madre, lo vi muy poco a mi padre. Ella y mi padrino eran los que me tapaban a la noche, esas cosas...

–En esa visión durante tu estado de muerte, digamos, ¿ella no habló?

–No, no habló, no habló.

–Ni vos tampoco.

–Yo tampoco.

–¿Pasó algo más?

–Lo demás pasa cuando yo estoy en un estado mitad y mitad. Con una pata en cada lado. Porque, después de la imagen de mi madrina, yo recuerdo voces pero ya de ahí, del Sanatorio Adventista. Alguien que dice como extrañado "¿pero qué pasó?", como diciendo "pero si yo lo vi ayer y estaba bien". Otro que dice: "No va a salir". Ahí yo ya tenía conciencia aunque no podía hacer nada para demostrarlo. Me di cuenta de que la cosa era grave. Lo que notaba era que, de vez en cuando, venía uno y me pegaba un rayón en el pie con algo medio afilado. Después me enteré que lo hacían para estar seguros de que todavía tenía reflejos...

–¿Qué hiciste allí, casi despidiéndote?

–Yo estaba en paz con Dios. Me fijé la imagen de un Jesús que había visto allí, en la pieza, que era el Jesús cuando va la noche del monte de los Olivos, con una túnica blanca y un manto rojo, a orar... Yo me fijé esa imagen como para esperar la muerte sin ningún tipo de problemas, porque ya pensé que había llegado el momento ¿no?... En el medio de eso la dejan entrar a Betty, mi mujer, y lo único que alcancé a pedirle es que me llevaran al Chaco...

–Pero volviste.

–Volví y después, como siempre, vino la parte graciosa. Uno de los médicos, cuando ya estaba todo bien, me palmeó y me dijo "quédese tranquilo, Landriscina, usted va a poder seguir contando el cuento..." Con toda la doble intención, claro...

–Muy bueno... Pero, Luis, después de aquello ¿te quedó un mayor o un menor miedo a la muerte?

–No. Yo he quedado con una... con una imagen distinta de la muerte. Como que es la paz, ¿viste? Y, además, que si bien es egoísta para los que quedan, uno también tiene que pensar que se va a encontrar con los que nos antecedieron en el Viaje. Esto me dio a mí la seguridad de que, en el caso de mi madrina, me estaba esperando.

–Luis, me imagino que te puede haber ayudado el hecho de ser un hombre de fe... Es un punto clave ¿no?

–Sí, por supuesto. Y además estaba rodeado de gente de fe y creo que vale la pena reiterar eso, porque a mí me conmovió la creencia que tienen los adventistas, que no la declaman sino la ejercen. Yo soy católico y la camillera, una muchacha, me pidió permiso para hacer una oración por mí. Y el propio médico que me operó, alguien que estudió en los Estados Unidos y se perfeccionó en Alemania, me pidió permiso para pedirle a Dios que le guiara las manos... Y cuando todo pasó y yo fui a agradecer me dijeron: "No, Landriscina, no se equivoque... Dios tenía otros planes para usted..."

Qué tipo ¿no? Yo no puedo sentir ni la más remota envidia por los imbéciles con muchísimo dinero, dueños de grandes empresas, gastadores de neumáticos de

Mercedes Benz modelo 1990, habituales puntos de fotos de revista, donde aparecen bailando con modelitos de moda, cantantes modernosas, o adolescentes desconocidas. Yo siento una gran envidia por Luis Landriscina. Sanita, eso sí. Una envidia sanita. Quiero ser como él. Estoy estudiando a ver si me recibo. Pero, ojo, a ver si me equivoco de carrera y me anoto en la de los giles del boliche de onda que, con unos 50 o más a cuestas, siguen jugando a que están vivos.

OCHO

NADA NUEVO BAJO EL SOL
(PERO APASIONANTE)

> *Aquel que vive más de una*
> *vida tiene que sufrir más de*
> *una muerte*
>
> OSCAR WILDE

QUEDAMOS EN QUE ÍBAMOS A HABLAR DE LOS PUNTOS QUE RAYMOND MOODY SEÑALA, como para esclarecer la Gran Experiencia. Son quince y, de manera alguna, ni Moody ni nadie, pretende que se den todos en una persona. Son apenas indicios, pistas, cosas en común entre los cientos de pacientes que hicieron el Gran Viaje y luego pudieron volver para contárselo a Moody. Con que un par de esas pistas se den juntas es suficiente para saber que el que las vivió se dio una vuelta "Por Ahí", y estuvo detenido –sin dudas– en Los Umbrales de la Muerte.

"No sentí nada de miedo *(me confesaba Clara, paciente que me pidió obviar su apellido más que nada porque el marido es un alto ejecutivo y temía perjudicarlo).* Yo, que siempre me asusté de todo, no sentí nada de miedo. La culpa había sido mía porque yo crucé la calle entre dos autos justo cuando apareció el hombre que no venía tan rápido, pero que me golpeó con el frente de su auto y después, por más que frenó y dobló el volante, me pasó con una rueda por encima. Menos mal que fue sobre las piernas. Si llega

119

a ser la cabeza o el pecho, chau. Lo que sí,
me acuerdo de todo: fui a cruzar, el golpe, el
dolor y ahí me quedé frita... No sentí que
salía del cuerpo como Ud. dice que les pasó
a otros. O mejor dicho, sí, del cuerpo salí
pero no me vi desde arriba y todo eso... Yo
leí también al doctor ése, americano, hace
un montón de años ¿cómo dijo que se llama?
¿Mudi? Ni me acuerdo, la verdad... Fue hace
tanto que lo leí. Pero lo del accidente fue
hace tres meses, eso lo tengo fresquito. No
sentí el cuerpo, ni dolor, ni nada. Sentí que
flotaba en algún lado que yo no conocía y un
foco muy brillante, como un faro, me ilu-
minaba en el medio de la oscuridad total. Me
fui acercando y casi lo abrazo a ese foco
porque la sensación de paz y de amor eran
una cosa que no puedo explicar con palabras. ¿Seguro que usted también lo vivió
esto, no? ¿No me está engrupiendo para que
yo le cuente? Mire que no lo hablé con nadie
porque pensé que me iban a tomar por chi-
flada. No, voces no oí. Ni vi caras. Pero tenía
la sensación de que mi papá –que murió hace más de quince años– estaba cerca. Yo a
mi papá lo identificaba enseguida porque tenía un aroma especial, no sé si usted me va
a entender. Era una mezcla del tabaco que
fumaba, la colonia que se ponía de vez en
cuando y su propia piel. Si me tapaban los
ojos yo sabía si él entraba en un cuarto por
el aroma. Y bueno, verlo no lo vi, pero sentí el
aroma. Papá estaba allí, yo se lo puedo asegurar. Después me desperté. O me desperta-
ron. No me gustó nada. Era muy feliz allí donde estaba. Tenía mucho sentimiento, mucha
sensación de amor. No sé si me entiende."

Por supuesto que la entendía. Uno se queda, inclusive con una sensación de reconocerse egoísta, por

no pensar en todo lo que aquí queda. Pero es que lo que aquí sentimos es diferente. Y, al volver, a todo eso y a la misma vida, la amamos más que nunca. Lo de la esposa del ejecutivo no era nada nuevo. El doctor Luis de la Fuente –ya dije que es un genio en Hemodinamia, pero con una vez no bastaba– es además un buen amigo. Me prestó un desvencijado pero valioso libro de la década del 30 que se llama *La Medicina Católica*, y es del médico francés Henri Bon. Una reliquia. Una joyita amarillenta y dulce, donde se habla de todo, incluyendo las apariciones misteriosas de espíritus o de la muerte. Observen qué curioso, un ejemplo de la página 199:

"En nuestra clínica agonizaba, en 1933, una joven no especialmente piadosa, muy apegada a la vida y que suplicaba que no se la dejara morir: la situación era desgarradora. Hacia las ocho y media su estado se calmó; respiraba más libremente y no parecía ya sufrir. De pronto se sienta, fija su mirada en algo que tiene delante durante unos segundos y, con rasgos reposados y sonrientes, exclama: '¡Oh, qué extraño! ¡Oh, qué hermoso es! Mamá, me voy a morir'... Y dirigiéndose a su madre y a las religiosas que la cuidaban dice que va a ir al Cielo, que está contenta; deplora la pena que causará a su padre; anima a su madre; habla de su entierro con calma y, algunos minutos después, expira con total serenidad."

Otra vez la paz, otra vez la calma, otra vez la felicidad ante el Más Allá. Y siguen los ejemplos por completo reales, de este antiguo e inhallable libro del doctor Bon:

"En 1930 murió en Lourdes un hombre joven, atacado de un tumor maligno. Estuvo en agonía dieciocho o veinte horas. De pronto,

*súbitamente, se sentó en la cama, tendiendo
los brazos y sonriendo a alguna aparición, y
enseguida cayó otra vez y expiró, sonriendo."*

Estamos hablando de 1930 y de 1933. Raymond
Moody ni siquiera había nacido. Estos casos parecen
tener aún más valor –y caray si lo tienen– al provenir
de un libro que se llama nada menos que *La Medicina
Católica*, y cuya edición amarillenta tiene más de
cincuenta años. Pero aún hay más.

*"En 1926 murió en Dijón una joven, Teresa
Lachambre. En el curso de su agonía sobre-
vino un gran malestar y se creyó que todo
había terminado. Pero de pronto abre de nuevo
los ojos: 'Mamá', dice '¿Me habías llamado?...
¡Oh, era tan hermoso!' Y, dominándose, dice:
'Pero no, yo no soy digna. Es necesario que
sufra todavía'. En efecto, durante una hora
padeció grandes sufrmientos hasta que, en
un instante, dejó de sentirlos. Se advirtió
cómo le llegaba la calma, sonrió aunque
permanecía con los ojos cerrados. Dijo: 'Soy
feliz. No he sido jamás tan dichosa...' Y murió."*

En aquellos años –y no me van a negar que aún hoy,
seis décadas más tarde– todo esto sonaba como
inexplicable, misterioso, insondable. Obsérvese que el
libro en cuestión habla específicamente de medicina
católica, con consejos ante determinadas situaciones
para los médicos que profesaban esa religión y nece-
sitaban el apoyo de ella ante hechos que no podían ni
sabían explicar. En ningún momento estos relatos
previos –y otros no menos escalofriantes–, eran juz-
gados como malos, ni acusados de actividad brujeril.
Por el contrario, el texto del libro (que en su inicio
tiene bien clarito el Imprimatur del doctor Manuel
Rubio, Vicario Gral., Madrid, 17 de abril de 1940; lo
que significa no sólo la aceptación sino el apoyo de la
Iglesia) menciona cada caso como ejemplo de algo

ocurrido y que puede volver a sucederle al joven médico lector.

Sin embargo, no habla en ningún momento de la Vida Eterna, el Más Allá, la Paz de la Muerte. Simplemente uno se asombra al advertir que 60 años atrás, había casos de Experiencias con tanta similitud con los de hoy "Soy feliz, nunca lo fui tanto"; morir sonriéndole a Algo o a Alguien; "Oh, qué hermoso es, mamá me voy a morir", son frases y actitudes que podrían estar –y de hecho están– en los libros modernos que tratan el tema.

Hay más aún. Y más escalofriante, en especial porque esto ocurrió. No es un producto de ficción. Ocurrió. Y tal cual.

> *"La pequeña Anne de Guigné, en 1922, llamaba a sus hermanos y hermanas para mostrarles 'qué hermoso era lo que estaba viendo'... Sólo ella podía ver aquello... La víspera de su muerte decía a su madre que veía a su ángel de la guarda: 'De verdad, de verdad. Está ahí, mamá. Yo lo veo, lo veo'. Con las mejillas sonrojadas de felicidad moría horas después..."*

Y hay más, y más, y más. Son decenas de testimonios con nombre y apellido de los protagonistas.

> *"En 1933, hacia el fin de su agonía, Pierre Homet de edad de diecinueve años y que hablaba con plena lucidez, dijo: 'Yo veo el trono del Eterno, los ángeles, los santos. ¡Oh, qué hermoso es! ¡Qué bello es!'. Y moría regocijado por aquello que lo esperaba, según su propio relato..."*

Todos los casos que aquí hemos seleccionado del libro del doctor Henri Bon, han sido expresamente elegidos por estar protagonizados por laicos. Incluso, como queda aclarado en uno de los casos, una paciente estaba más lejos que cerca de todo lo que significara religión alguna. Tal vez ocurra que la religión –la que sea– no necesita tanto que estemos con ella sino que ella está tácitamente con nosotros. Por algo religión viene de "religar", de ligar más fuerte, de unir. La corto acá porque me pongo místico y ésa no es la idea, pero sepamos que la mayoría de las cosas que no tienen una explicación a través de la razón, tienen –seguro– algún punto en contacto con alguna religión. Le cuento una al pasar, que siempre me llamó la atención. ¿Sabe qué es la inedia? Seguro que no. La inedia es el ayuno absoluto. Ahora se usa para protestar por algo o para peticionar a las autoridades, que tampoco dan bola con eso. Antes se lo llevaba a cabo como un sacrificio más en tributo a la fe. No es éste el lugar ni el momento para discutir si ese y otro tipo de sacrificios son actitudes masoquistas o verdaderas pruebas de fe. Vamos al caso en sí: inexplicable por completo y real como sus protagonistas.

En 1868, la hermana Esperanza de Jesús había decidido realizar uno de esos sacrificios de inedia. Ayuno absoluto, ni una miguita de soja, nada. Durante seis semanas la Hermana fue encerrada en una celda del monasterio de Ottawa, y vigilada en forma permanente por sus compañeras y dos médicos –el doctor Baubien, católico, y el doctor Ellis, protestante–, no porque desconfiaran de que la pobre monjita pudiera traicionar su propósito a escondidas, sino por dos razones fundamentales: una, por si su ayuno total le traía problemas físicos, que deberían ser tratados de inmediato, y la otra razón para que hoy –y antes y por siempre–, ni ustedes ni nadie pudiera tener la menor duda de la autenticidad de aquello. Siempre hubo escépticos e iconoclastas.

Al cumplirse las seis semanas, el Obispo de Ottawa en persona se llegó al lugar y, en compañía de ambos médicos y de algunas hermanitas, entró al lugar en donde reposaba y trabajaba la hermana Esperanza. Y allí vino para todos la confirmación de que hay cosas que no pueden explicarse por la razón: después de aquellas seis semanas de un vigilado ayuno total, la hermana Esperanza de Jesús había aumentado cinco kilos de peso.

Olvidé un pequeño detalle que tal vez no quedó en claro: al decir inedia decimos ayuno absoluto, lo cual incluye el agua. Inedia es no comer ni beber NADA. En seis semanas parece que se pueden aumentar cinco kilos, así y todo. Pero, si es flaca, no lo intente. A menos que sea casi una santa. Y ni así.

Pero volvamos a lo nuestro (yo parezco Tarzán por como me voy por las ramas pero ocurre que me entusiasmo ¿quién no ama lo desconocido?). Volvamos a lo nuestro que fue, hasta ahora, relatar algunos casos documentados de experiencias de muerte hace más de medio siglo. Claro que era sólo el aperitivo. Hay un libro bastante anterior que es, sencillamente, impresionante. Se llama *El Libro Tibetano de los Muertos*, y es prácticamente imposible saber con exactitud la época en que se origina. Básicamente –y aquí viene la dificultad– no era un libro en el sentido real de la palabra, al menos como hoy lo conocemos. Se trataba de una serie de enseñanzas para enfrentar el Momento Final, sumadas a ciertos conocimientos que los sabios tibetanos muy antiguos querían que su pueblo mantuviera. Para lograrlo, esos conocimientos y consejos se iban pasando de boca en boca, de generación en generación. Por eso no hay nada que documente sus orígenes. Lo hay, sí, de la primera recopilación escrita que se hizo. Esta ocurrió ochocientos años antes del nacimiento de Cristo. Imaginen, entonces, lo difícil que es hacer pronósticos sobre cuándo nació la primera frase, que se repitió por siglos hasta transformarse en un libro.

Para empezar, es bueno poner en claro que los tibetanos nunca han sido muy de recibir en casa, digamos. El Tibet –bien llamado El Techo del Mundo– es una meseta situada a unos 5.000 metros sobre el nivel del mar, lo cual, de por sí, no representa en virtud a su acceso un lugar ideal para turistas de fin de semana. Bien puede decirse que es un país casi desconocido para el resto del mundo, custodiado durante siglos por sus lamas y monjes. A pesar del difícil acceso, hay ciertas cosas en la vida que todo lo simplifican: la guerra y la violencia son dos de esas cosas. El Tibet pasó por varios dominios cuando los lamas fueron sacados del poder, a principios del siglo XVIII: los chinos, los ingleses, los chinos comunistas. Sus habitantes siempre han sido de un alto grado de religiosidad. Aun cuando el Dalai Lama (el Gran Sacerdote, lo que era antes la máxima autoridad) debió huir cuando fueron invadidos, los tibetanos siempre lo honraron, y lo buscan en quien haya reencarnado, ya que esa es la tradición. *El Libro Tibetano de los Muertos*, como decíamos, fue recopilado, y allí sí escrito, en el siglo VIII antes de Cristo. Pero los lamas lo mantenían de todas formas oculto y secreto. En aquel texto quedaba en claro, por ejemplo, que según los sabios uno podía morir maravillosa o estúpidamente. No eran esas las palabras, claro, pero sí el concepto. Todo dependía –y se supone que sigue dependiendo– de la habilidad espiritual que cada uno puede poner en uso en el momento de partir. Para los sabios del Tibet, morir es un arte. Y ellos saben –como lo sabemos nosotros– que no todos son artistas en el mundo.

El Libro Tibetano de los Muertos formaba parte, también, del ritual de despedida de un moribundo. Llegado el momento, cuando ya todos sabían que la persona estaba viviendo sus últimos instantes, se reunían a su alrededor todos los familiares y los lamas, que iban leyendo el libro en la medida en que la muerte ingresaba al lugar y luego al cuerpo del agonizante. Mediante la lectura se ayudaba a esa persona a un buen morir e, inclusive, los lamas iban contándole lo que al moribundo le iba pasando, y le anticipaban el paso siguiente, para que nada lo tomara por sorpresa, lo asustara y le produjera una muerte cuando menos, confusa. Lo iban preparando, paso a paso, lo guiaban por el sendero de la muerte, de manera tal que la persona sentía que le estaban diciendo la verdad y que cada paso se cumpliría. Confiaban hasta que esa confianza los llenaba por completo, y SABÍAN –lo sabían, sin dudarlo– que lo que vendría al final sería bello, placentero y eterno. El sistema de ir contándoles por anticipado lo que irían sintiendo y ganando la confianza de ellos cuando comprobaban que esas cosas se cumplían, es el mismo que la licenciada Silvia Moscoloni usa con sus pacientes trasplantados de corazón, también con grandes resultados. Ignoro si este tributo a la verdad que da tan buenos frutos fue sacado por ella de los tibetanos, si es una práctica regular en psicología con enfermos severos, o si ella sola descubrió que aquello –la verdad anticipada– era lo que más resultado le daba.

Retomando la historia de los tibetanos moribundos y el ritual de leerles su *Libro*, vale la pena aclarar también que aquello estaba igualmente dirigido a los familiares. El objetivo era calmarlos, hacerles entender que morir era no sólo natural sino hermoso cuando se lo hacía bien, y lograr así que las angustias de esos familiares –según los tibetanos, que no eran ningunos tontos– no se contagiara al pobre moribundo, sacándolo de su clima de paz. Esas angustias, con la lectura del *Libro de los Muertos*, se transformaban en pensamientos positivos. Y ayudaban también al moribundo.

El Libro Tibetano de los Muertos, para conseguir todo esto, describía diferentes pasos que se cumplirían de manera exacta e inequívoca en todo moribundo. Más aún: se supone que se cumplen en cada uno de nosotros de manera exacta e inequívoca, a juzgar por testimonios actuales comparados con los pasos o estadios. El *Libro* dice:

1) Lo primero que ocurre es que la mente (alma, karma, espíritu, etc.) de la persona abandona el cuerpo en el instante de morir.

2) Enseguida el alma se encuentra en una especie de vacío propio. En este estadio pueden sentirse ruidos, la mayoría alarmantes (rugidos, silbido de viento, sonidos fuertes) y es el momento en que el alma ve claramente a su cuerpo inerte.

3) El alma se sorprende de esa situación porque aunque sabe que algo está pasando, aún está confusa, todavía no tomó real conciencia de que su cuerpo dejó de existir. Quiere hablar con sus parientes y amigos, pero ya no lo escuchan.

4) En el momento de asumir la muerte de su cuerpo, siente algo así como una depresión, un pesar por sí mismo y –más que nada– un desconcierto, ya que no sabe qué ocurrirá a partir de ahora.

5) Pronto lo sabe. Tiene la sensación de tener un nuevo cuerpo, pero etéreo, capaz de atravesar cualquier objeto sólido y de desplazarse en el acto de un lugar a otro con solo desearlo. La mente adquiere una increíble lucidez; cada uno de los sentidos se afinan hasta insospechables niveles. El sentimiento de paz es inmenso.

Todo esto está descripto hace decenas de siglos, y dormido en algún lugar del cual fue rescatado sin darle al principio mayor importancia, pues sonaba a superchería. Experiencias como la mía lo actualizan, porque alguno de los puntos allí señalados se cumplen en muchos casos de hoy escrupulosamente.

Una vez más (y ya perdí la cuenta de cuantas) debo decir que eso no es todo. Vayamos más atrás en el tiempo. A los egipcios antiguos, aquellos que unos 2.800 años antes de Cristo (es decir hace unos 4.800, por decirlo redondeando) construyeron las fabulosas pirámides.

Esas pirámides fueron nominadas por los griegos, mucho después, como una de las Siete Maravillas del Mundo. Y son, actualmente, la única de aquellas siete maravillas que sobrevivió al tiempo y/o al hombre.

Muy bien, bueno es recordar que esas pirámides no eran otra cosa que monumentos mortuorios, es decir tumbas. De lujo, pero tumbas. Porque los egipcios no consideraban de ninguna manera que el final de una persona llegaba con su fin de su cuerpo, es decir con lo que hoy llamaríamos la "muerte clínica". Toda la religión egipcia está basada en una vida posterior, donde moraba un dios del más allá –Osiris–, y adonde iría a morar el "ka", la fuerza vital, el espíritu humano. También ellos plasmaron un llamado *Libro de los Muertos*, que servía para dirigir la conducta del alma en el Otro Mundo, e inclusive para conferirle algunos poderes mágicos para casos de peligro. (¿De dónde creen que sacan sus ideas los productores y guionistas de cine de filmes tales como *Indiana Jones, El secreto de las pirámides, La joya del Nilo, La maldición de la momia*, y tantas más?).

Ruego tomar en cuenta que no estamos hablando de pueblitos y civilizaciones bárbaras, atrasadas a su propio tiempo. Los egipcios, entre otras cosas usaron cien mil hombres, treinta años, y una precisión matemática simplemente perfecta para construir una sola de las pirámides, la de *Khufu* a quien luego los griegos llamaron *Keops*, nombre con el que perduró en nuestros días. *Keops* (o *Khufu*) había llamado en realidad "Khut" a su pirámide. Khut significa Gloria. Los egipcios fueron los creadores de un sistema de embalsamamiento aún no superado, y parece ser que realizaban operaciones quirúrgicas, incluyendo las de cerebro. Esos son los que tenían un Libro de los muertos para guiarse cuando les llegara el Gran Turno.

El doctor Raymond Moody fue el encargado de reunir los cientos de casos de personas que habían vivido la Gran Experiencia, para edificar una construcción de quince puntos en la que vive cada vez más gente.

Atención: estos quince puntos son fragmentos de experiencias que han sentido diferentes pacientes pero –de ninguna manera– significa que para formar parte del "club" sea necesario haberlos vivenciado a todos. Por el contrario, es muy difícil que alguien haya sufrido un "irse de este mundo por un rato" y haya sentido ya no todos, sino más de la mitad de esos estadios. Con dos o tres basta. A veces con sólo uno. Están todos porque son los recolectados con mayor frecuencia en los testimonios norteamericanos. Atención que ahí van:

1) PRIMERO: tal vez el más común, compartido por el 100% de los que vivieron la Gran Experiencia; no encuentran palabras para definirla. Todo ha sido de una belleza que no se puede expresar con el lenguaje a nuestro alcance.

2) SEGUNDO: el protagonista advierte que lo declaran muerto.

3) TERCERO: llegan una calma, una tranquilidad, una paz totales.

4) CUARTO: escucha algunos ruidos sin identificarlos del todo.

5) QUINTO: el afectado siente que sale de su propio cuerpo y se ve a sí mismo y a toda la escena que lo rodea. Pero nadie lo oye y él no puede tocar a nadie ni a nada.

6) SEXTO: la persona siente que una fuerza superior lo aspira por una especie de túnel absolutamente en tinieblas, a gran velocidad.

7) SÉPTIMO: la velocidad cede y aparecen otros seres en el túnel. Algunos –o todos– pueden ser parientes o amigos muertos.

8) OCTAVO: perciben una luz que a muchos se les hace difícil describir. Es brillante, espléndida, fulgurante.

9) NOVENO: el protagonista revive su propia vida como una película pasada a una velocidad vertiginosa. No hay detalle, por mínimo que parezca, que no esté en esa revisión.

10) DÉCIMO: el que está muriendo encuentra una suerte de barrera en su avance. No sabe qué, pero algo lo detiene. A veces es algo físico (una puerta, un río), otras sólo una fuerza. "Hasta aquí", parece decir esa fuerza sin hablar. "No es aún tu momento".

11) UNDÉCIMO: el protagonista regresa, generalmente sin deseo de hacerlo, y muy a menudo con dolor por tener que aceptarlo.

12) DECIMOSEGUNDO: ya regresó, pero se siente frenado al querer contar lo que sintió. A veces lo hace y le dicen que sí, sin prestarle la menor atención. Momento duro para el protagonista, quien se halla confuso.

13) DECIMOTERCERO: comienza a reintegrarse de a

poco. Al hacerlo, empieza a interesarse por cosas que antes le parecían menores o ignoraba (el cielo, los pájaros). Está fortalecido en muchos aspectos morales, intelectuales, psicológicos y emotivos. Lee más que nunca o comienza a leer si antes no lo hacía. El sentimiento y la intuición se agudizan. Hasta puede llegar a adquirir algún tipo de poder extrasensorial. La gente parece calmarse con él.

14) DECIMOCUARTO: advierte que ya no siente ningún tipo de temor por la muerte. A pesar de eso, ama a la vida.

15) DECIMOQUINTO: el protagonista, junto a los investigadores, verifican una y otra vez la experiencia, buceando detalles.

Vale la pena recordar a vuelo de pájaro:
Platón y el mito del soldado Er.
El libro egipcio de los Muertos.
El libro tibetano de los Muertos.
Los cinco estadios del doctor Ring.
Los quince puntos del doctor Moody.
Los casos del libro de los 30, *Medicina católica.*
Los casos de diferentes pacientes.
Las investigaciones de la doctora Kübler Ross.
Las investigaciones de otros profesionales.
Los testimonios directos en Argentina.

Si hacemos tan sólo un poquito de memoria, vamos a advertir de inmediato que, sencillamente, ES IMPOSIBLE QUE HAYAN TENIDO RELACIÓN ENTRE SÍ CASI NINGUNA DE ESAS FUENTES, en algunos casos porque hasta miles de años separan a una de otra y, en la mayoría, porque simplemente no se conocían ni protagonistas ni investigadores.

Si hacemos otro poquito de memoria vamos a advertir, también en forma rápida, que algunos puntos de todos ellos son comunes entre sí, a pesar de las diferencias de tiempo, lugar, civilizaciones y hasta maneras de pensar que los separan.

Si eso es una casualidad, el mundo tal vez sea una gran broma.

Pero maldita sea la gracia que me causa.

NUEVE

EL DÍA EN QUE CAMBIÓ MI VIDA
Y MI MUERTE

*Y cuando llegue el día del úl-
timo viaje, y esté al partir la
nave que nunca ha de tornar,
me encontraréis a bordo ligero
de equipaje, casi desnudo, como
los hijos de la mar.*

ANTONIO MACHADO

AL LLEGAR EL TAXI AL SANATORIO, PAGUÉ AL CONDUCTOR CON
CIERTO DOLOR DE BOLSILLO (el mito pertenece a los judíos,
pero la realidad a los gallegos y sus descendientes).
Estaba demasiado acostumbrado a mi auto, del que
bajaba sin pagarle a nadie.

El sol seguía allí, brillante, lúcido, refulgente y
haciendo que uno se sintiera como en el interior de un
microondas, pero al mínimo.

Bajamos con Alfredo a Hemodinamia, segundo subsuelo, camino conocido por mí.

Allí, dos pisos bajo el nivel de la calle, ya no hay sol.
Uno se entrega más, y –por sobre todo– no tiene que
andar explicando aquello del Juan Moreira a pavotes
como Alfredo.

Esperamos, charlando de cosas que eran lo de
menos. Mi fe me daba una fuerza del carajo, para
decirlo sin eufemismos y de una vez por todas. Mi
sentido del humor ya había empezado a aflorar, como
escudo contra el terror que anida en todos ante la idea
de estar en una situación difícil. Decía cosas tales
como:

–Lindo día elegí ¿eh? Veinte de junio... Van a decir
que lo único que quiero es hacer bandera...

(Nota para los que lean esto fuera de las fronteras argentinas: el 20 de junio –ese día– es en mi país el "Día de la Bandera").

Con esto habrán comprobado que mi humor afloraba, pero que era –¿para qué engañarnos?– de un nivel de mierda. La cosa era reírse de algo o de alguien. Yo elegía, como siempre, reírme de mí. Porque me resulta fácil, no me molesta, soy lo que más conozco en el mundo y no me ofendo con las chanzas que yo mismo me hago. Motivos sobran.

Después de un rato de esperar, me tocó el turno. Ernesto –un excelente y adorable enfermero que había estado en mi intervención del '88– vino a buscarme, me dio un abrazo cariñoso y me espetó con no tanto cariño: "Estás más gordo".

Ernesto, a la sazón, pesaba no menos de doce kilos más desde la última vez que yo lo había visto. No le dije nada. Sólo le palmeé la panza con una sonrisa (mía, no de él ni de su panza, claro está).

Pasé. Un pasillo impersonal es lo que separa al tipo de jeans, pulóver y campera de ese mismo tipo en bolas, con una especie de bata liviana blanca, que apenas se une por delante en homenaje a un pudor que uno deja en la puerta, antes de entrar.

Ya conté que todo esto me había ocurrido en el 88. Todo muy fácil, muy rápido, hasta diría que muy grato. El Sanatorio Güemes –y especialmente su gente, todos, desde el capo máximo, Sergio Lajer, hasta el último cadete– son personas que tratan a personas. No impecables robots que trabajan sobre números de expedientes. Por eso los amo. E insisto en algo que ya aclaré: no estoy devolviendo favores económicos con esto ya que quien pagó TODO (Felizmente y Dios lo bendiga, fue MEDICUS, a quienes amo apasionadamente y de los cuales no pienso separarme hasta el fin de mis días –que espero que llegue dentro de muchísimos años para pesar de ellos, que son los que me bancan–).

Pero estas cosas –el Güemes y Medicus– son como el seguro del auto: uno recién advierte si realmente sirven cuando lo necesita. Y doy fe que no sólo sirven, sino que ayudan. Antes de todo esto yo –como era natural– decía improperios (qué serio me puse, bien podría haber dicho que puteaba) cada vez que llegaba la cuenta de Medicus, mi medicina pre-paga y la de mi familia. Después de lo ocurrido, no habiendo pagado un maravedí (vieja moneda de la colonia, para los más incultos) cada vez que llega el cartero trayendo su factura mensual lo abrazo, lo beso en la comisura de sus labios y le acomodo la corbata, aún a riesgo de que cada vez me mire más raro aunque –debo confesarlo– el último mes tocó el timbre y puso cara de esperar que saliera a recibirlo, además de que noté que se había puesto colonia o algo aromático. Con todo esto en una de esas nos casamos, no sé.

Volvamos al pasillo de Hemodinamia, donde uno avanza rumbo a perder su ropa y su pudor. Y, si puede, su miedo.

El doctor Jorge Wisner, me explicaría unos 25 días más tarde, mientras almorzábamos:

"No hay dos casos iguales en cardiología. Los puede haber en cuanto a sintomatología, en cuanto a reacciones, en cuanto a efectos. Pero no son iguales 'en los papeles', cuando hay que llegar al fondo de la cuestión. Todos tienen miedo ante cualquier tipo de intervención cardíaca, aun la menor. Pero todos reaccionan de maneras distintas. Vos, en el 88 y aun ahora, en el 90, te defendiste –tal como me explicás– con tu Fe. Y te pusiste una coraza con tu sentido del humor: eso de preguntarme en el 88 si yo había rendido "corazón III", como si fuera una materia o lo de anunciar tu angioplastia antes de empezar como si fuera un show. Otros tienen otras defensas: 'borrarse', no responder ni preguntar nada; hablar de otra cosa como si nada estuviera ocurriendo; lagrimear; pedir que hagamos lo que sea pero que no los

dejemos morir; o los pusilánimes *(el diccionario dice: los que no tienen valor para soportar
las desgracias o para iniciar cosas considera-
das 'grandes, importantes...'),* que son capaces
de desmayarse ante una enfermera que se
acerca para darles una inyección. Todo es
carácter, preparación, cultura, emoción, bo-
cho..."

Por todo eso es que yo –ya solito y con una resig-
nada sonrisa– avanzaba por el pasillo, saludaba los
del 88, entraba a la antesala que parece una cacerola
por sus paredes de acero inoxidable (y su techo y su
piso y su todo), y me sacaba mi ropa de persona para
ponerme la de paciente.

Unos pocos minutos después me subieron a una
camilla y me trasladaron a algunos metros de distancia, a una de las salas de Hemodinamia. Ya conté
lo que es eso. De la camilla, ¡pumba!, a lo que sería
la mesa de operaciones o de intervenciones: finita
como silbido de gringo, dura como una ley, patética
como todo lo desconocido.

Esta vez yo no estaba tan feliz (?) como en el 88.
Tenía algunos temores que no sabía definir, pero sabía
que ahí estaban.

Siendo yo joven –tenía dieciocho años–, una vidente
me había dicho que yo poseía algunos poderes que no
eran comunes, y que servían para anticipar cosas,
hacer el bien, lograr conciliaciones y –a la vez– estar
protegido de todo aquel que quisiera dañarme, porque
la cosa le rebotaría como un boomerang. En ese
entonces yo me puse contento, le agradecí y me fui
comentando la cosa con mis amigos. Veinticuatro
horas más tarde me olvidé del asunto. A los 18 años
tenía otras prioridades.

Luego, el tiempo fue pasando (Dios mío, esta es la
primera vez que estoy confesando esto y –como si
fuera poco– lo hago por escrito) y con el paso del
tiempo algunas de esas cosas se fueron dando. Al
principio me sorprendía cuando advertía que algún

suceso iba a ocurrir y en efecto ocurría. Después no me sorprendí más. Pero no lo comentaba. Luego hubo una suerte de desarrollo no buscado a través del cual me resultaba infinitamente fácil aconsejar a los que quería, y jamás fallaba. No lo hacía conmigo mismo porque sabía –sin saber por qué, pero sabía– que no era lo mismo, que el asunto era con los demás, y siempre y cuando fuera para beneficiarlos. Tenía –y cuánto me alegro– una incapacidad total para desearles el mal, refirmando lo que aquella mujer inolvidable (se llamaba Miryam) me había dicho. Poseía –según varias señoras y señores con cierto tipo de poderes que no busqué pero sí encontré en mi vida– un *karma* que me protegía de manera especial. La cosa era que si alguien pretendía, con intención, hacerme *un daño*, no sólo no lo lograba sino que ese daño se multiplicaba y volvía a él. "Karma protector", lo llamaban. O el Gran Lujo. No importaba mucho el nombre; me caía de primera que me pudiera pasar eso. Hay gente a la que no soporto, es cierto, pero jamás he logrado en toda mi vida poder odiar a alguien en el sentido total de la palabra. Así es que maldita sea las ganas que tenía o tengo de emplear poderes maléficos. Simplemente, no tendría con quien. Pero eso de estar protegido me hace sentir bomba, como dicen los españoles.

Ya estoy desnudo. O casi, con esa bata liviana y absurda. Me acostaron. Y –por eso todo este prólogo de las premoniciones que me atacan y todo eso– a pesar de que lo del 88 había sido excepcionalmente bueno, esta vez yo seguía haciendo bromas pero *sabía* que algo no andaba o no iba a andar bien.

–Hoy estás algo tenso –me dijo Wisner, como si me hiciera una angioplastia todas las semanas. Pero ese *hoy* no hacía más que rememorar el día de dos años atrás cuando, a pesar de ser la primera vez, no estaba de manera alguna tan... tan tenso (porque emplear otra palabra que la usada por Jorgito sería no sólo absurdo, sino falso).

Tenía razón. Yo no sabía por qué. No podía imaginar, ni siquiera por un instante, que en menos de una hora y un ratito yo iba a morirme. Así de simple. Es una palabra, aquí escrita: morirse. Pero en la vida es millones de palabras, de gestos, de besos, de caricias, de miradas, de dolores y placeres.

Morir.

¿Ustedes saben, por ejemplo, que la idea de la propia muerte es tan rechazada por uno mismo que –según los psicólogos en la inmensa mayoría de los casos sino en todos– es casi imposible soñar la propia muerte? Uno prácticamente no soporta ni siquiera en el inconsciente la idea de la muerte, por eso puede soñar la de los seres más queridos y sufrir como un perro que sufre, pero difícilmente pueda soñar su propia muerte.

–Hoy estás algo tenso –dijo Jorge Wisner, pero siguió con su trabajo eficiente, exacto, matemático, pero humano. Yo era su amigo, pero ahí era su paciente. En ese momento recordé que después del 88, cuando empezamos a ser amigotes, me había dicho:

"Lo peor que nos puede pasar a los médicos es tener que tratar a alguien a quien queremos. ¿No notaste que ningún médico opera a su propio hijo o a su mujer? O, al menos, es muy difícil que ocurra. La cosa funciona mejor –en especial en intervenciones de cierta envergadura, como las cardiológicas– cuando lo que está ahí, horizontal, es una persona, sí, pero una persona a la que no nos une ningún vínculo sentimental ni afectivo. Todo es más fácil, más sencillo, más profesional. Si es un familiar o un amigo, vos corrés el riesgo de ser más amigo que médico. Y eso no es bueno..."

"Me cagó", pensé. "¿Quién me mandó a tenerle tanto cariño a este pendejo talentoso por el solo hecho de ser un pendejo talentoso y, a la vez, un ser humano de esos que están en extinción? ¿Por qué no lo odiaré o, lo que es mejor, por qué no me odiará él a mí?" Pero era tarde. Aunque esto nada tuvo que ver con lo que pasó, por supuesto, cosa que quedó por completo en claro.

Es cierto que estaba tenso –el muy cerdo ya me conocía bien–, cosa que quedó bien demostrada cuando la doctora Silvia López –una dulzura que sufría más que yo– comenzó a buscar una vena potable en mi brazo derecho, para introducir por ahí el catéter. El lugar por donde habían entrado en el 88 no servía (aún tenía una leve cicatriz, era peligroso) y así que había que buscar la vena más arriba, donde hubiera más carne. No es como la contracara del codo, donde las venas habitualmente están claritas, azules –como la sangre que a uno le corresponde–, y absolutamente a punto para ser traspasadas por el cañito plástico. Donde hay más musculito, más carnecita, hay más problema, ya que se debe buscar la vena a mayor profundidad. Y eso, ¿por qué voy a mentirles?, no es justamente sentirse en Disneyworld para quien extiende el brazo porque no le queda otra. Si la cosa se complica, ¿qué puede hacer uno allí, en la camilla de intervenciones de la sala de Hemodinamia, con un montón de gente alrededor que está para solucionar lo que uno tiene? ¿Decir, acaso, "perdón, por qué no dejamos esto para otro día?" O, tal vez: "Muchachos, hoy hay jubileo, paren todo que después vemos". Quedaba una posibilidad tirando a política: "Perdón, Jorge, Silvia, Mary, Elvira, todos... Acabo de enterarme –ustedes saben que soy periodista– de algo fundamental: hay un paro inmediato, indeclinable e irreversible en el sector médico de Hemodinamia... Lo siento por el capo, De la Fuente, pero acá hay que parar todo y devuélvanme a mi habitación calentita que yo voy a comprender, compañeros..."

Ya no había forma de detener la cosa.

La doctora Silvia me inyectó el correspondiente anestésico en el contracodo (xilocaína, supongo), y enseguida –porque es más rápida que un bombero esa anestesia–, un pequeño cortecito y el catéter que empieza a avanzar rumbo al *bobo*.

El *Bobo* late alrededor de 100.000 veces cada día, durante toda la vida. Es decir, unos 36.000.000 de veces por año. Teniendo en cuenta que si dejara de latir nada más que 250 veces sería suficiente para eliminar al cerebro, y con él a nuestra vida consciente, me pregunto quiénes somos realmente los *bobos*.

El caso es que el catéter comenzó a avanzar. Lo que se estaba llevando a cabo conmigo se llama, en la jerga diaria y médica, nada más que "un estudio" (saber cuál es la coronaria que no funciona bien, si es que hay una coronaria que no funciona bien). En idioma médico –el que los médicos jamás utilizan, salvo con los pacientes, un poco para impresionar y otro poco para ser precisos, pero más lo primero– la cosa de marras se llama *Cinecoronariografía*. Despanzurremos la palabreja: *grafía* estudio; *coronario* ya se sabe y *cine*, porque todo aquello es filmado en 35 mm para luego poder verlo en un proyector especial (tipo moviola), en el cual se puede detener la película cuadro a cuadro, y detectar exactamente en qué lugar está el problema. Recién después de eso se puede actuar sobre el caso: angioplastia, by pass, trasplante, certificado de defunción o lo que sea.

En pocas palabras: uno no puede solucionar el corte de luz de su casa si no ubica en qué lugar exacto está el cortocircuito. Cuando lo detecta, lo soluciona y todo vuelve a la normalidad.

Con esto es más o menos así. La única forma de saber con exactitud "dónde está el cortocircuito" (o, para ser más exactos, la obstrucción, las plaquetas que van cerrando la coronaria e impidiendo el paso de la sangre hasta llegar al infarto, si no se actúa antes) es a través de "la cine".

El catéter avanza hasta un punto, encarando a todas las coronarias, quebrando la rutinaria y bella paz del sano.

Silvia Moscolini me diría unos 20 días después:

"Vos me decís que lo que menos te da la vida es paz. Es posible. Más aún, yo creo que es seguro. La paz te la da la muerte. Porque es la cesación del deseo. Si lo explicás desde el punto de vista psicoanalítico, la muerte es la cesación de todo deseo. Mientras uno vive está deseando, y eso te lleva permanentemente a buscar cosas, o estados de cosas, o a sentir que te faltan cosas. Cuando ya no estás deseando nada es porque estás muerto. Estás en paz. Vos podés decirme que si nosotros no tuviéramos deseos de cosas estaríamos en paz con la vida. Tal vez. Pero no viviríamos. Por eso cuando ves a alguien que no tiene un proyecto, que no tiene esperanzas para nada, que no proyecta algo para el futuro, vos decís que ese tipo está muerto en vida. Y no te equivocás. Yo nunca he conocido a nadie –sin que importe su nivel intelectual– que no tenga deseos de algo para el mes que viene, el año que viene, o el día que viene. Todo el mundo, hasta los de cociente intelectual más reducido, tienen deseos de algo. Es el fuego que alimenta sus vidas. Siempre hay algo que nos falta. Al verdulero, por más simple que vea las cosas, por ahí se le frustró el deseo de ser doctor y al doctor le hubiera gustado mucho más ser verdulero. Puede sonar medio bobo, pero cada uno es un mundo... Y no hay nadie que pueda conocer a fondo el mundo de los demás... Siempre va a haber algo que no tenés. Lo que el mundo del psicoanálisis llama 'la falta'. Es decir, uno nunca está completo, sea lo que sea, haga lo que haga. La Vida es una lucha permanente entre ella y la Muerte. Al final, termina ganando siempre la muerte, por supuesto."

Volvamos a la sala de Hemodinamia.

El catéter avanza dentro de mí. Aún puedo verlo de costado por los monitores de TV en blanco y negro. En ellos, al mismo tiempo que se filma todo sobre mi pecho en 35 mm, se reproducen mis coronarias (la descendente anterior –fundamental–, la derecha y la circunfleja).

Uno de los monitores muestra todo el corazón. Del tamaño de mi propio puño –cada uno tiene, aproximadamente, el corazón del tamaño de su propio puño, no más–, con un peso aproximado a los doscientos setenta gramos y con la responsabilidad de no dejar de trabajar porque si lo hace, todo se acaba. Los corazones –de cualquier lugar del mundo– deben ser japoneses, ya que no se detienen jamás en su trabajo y, a veces, cuando están enojados por algo, no dejan de trabajar sino que trabajan más aún, lo que en idioma científico se llama *taquicardia* o *arritmia*.

El catéter avanza, como decía. En un lugar determinado se detiene. Es bueno, a esta altura, reiterar que su avance por las arterias no es tan traumático como parece. Era lo que más me impresionaba, antes de ocurrir. Pero luego advertí –y sentí– que uno ni siquiera se da cuenta. Como mi vicio profesional de preguntar no tenía ni tiene límites, inquirí por qué no me dolía un caño penetrando en mis arterias. Y me contaron, pacientemente, que el interior de las arterias no tiene ningún tipo de terminal nerviosa, por lo cual es imposible que algo que transite por ellas provoque dolor. No tuve más remedio que admitirlo cuando así lo experimenté.

El catéter llegó hasta un punto justo. No debía pasar de ahí. Como es hueco, por su interior se inyecta un líquido oscuro al que se llama *de contraste*, que inunda la totalidad de las coronarias. En el video –y con mayor exactitud en la película– se detecta perfectamente en qué sitio de qué coronaria está el problema (si es que hay un problema). A decir verdad, no nos engañemos, si uno llega a la *cinecoronariografía*, significa que HAY un problema. Aunque se trate solo de un análisis, por llamarlo de alguna manera, aquel que salga de él y se le comunique que anda todo fenómeno puede gritar "¡Bingo!" con todas sus fuerzas, porque es un elegido. Las coronarias –imprescindibles para hacer que llegue sangre al corazón, es decir, imprescindibles a secas– son arterias que al llegar al músculo cardíaco se abren como las ramas de un árbol. Si una rama se interrumpe, se obstruye, la sangre que llega al corazón es menor de la que éste necesita, y allí comienzan los problemas. En los menos serios hay dolor, alarma, se interviene con angioplastia o con by pass, y hay solución y luego cuidados del paciente. En los más serios no hay dolor, nadie sabe por qué, pero la cosa se acumula, la arteria se cierra por completo, no ingresa más sangre ni oxígeno y –suele ocurrir– hay lo que se llama un *infarto masivo*. Las tres coronarias se tapan por algo (sabe Dios por qué, ya que la ciencia no puede explicarlo en muchísimos casos), y la persona muere en el acto. Es lo que llaman *muerte súbita*. Dulce, inesperada, instantánea, casi deseada si uno pudiera elegir, pero terrible para los que quedan: familiares, amigos, conocidos.

Uno nunca sabe por qué se muere. Más aún: uno no sospecha nunca CUANDO se va a morir. Lo que sí es seguro es que uno, de una u otra manera, se va a morir. ¿Qué más da cuándo, cómo, de qué, dónde? Uno se va a morir y hay que aceptarlo, viejo.

El líquido de contraste es de color oscuro. Por el hueco del catéter, se inyecta a todos los rincones (o ramas) de las coronarias. Al verlo en los monitores y luego estudiarlo en la película de 35 mm. se advierte, como decíamos, no sólo dónde sino en qué medida está obstruída una arteria coronaria. Claro que ese líquido puede no ser absolutamente inocuo, inofensivo y sólo demostrativo. Hay casos –no muchos, pero sí el mío en esa segunda vez– en los cuales irritan de manera especial al músculo cardíaco. Cuando en 1988 hablamos con Boskis y con Wisner de las posibilidades en contra, me dijeron que eran no más del dos o el tres por ciento. Rigurosamente cierto. Da la casualidad que yo tengo problemas. Y serios. En mi caso se transforma en un cien por ciento en contra. Dos por ciento para los afortunados, para mí es el cien por ciento ya que me tocó. Al menos en esa segunda vez.

Rocky, en su primera película gana, pero le va más o menos. En la segunda ya le va fenómeno. En la III, ni hablar. Y en la IV, contra el ruso, es Rocky "Gardel" Balboa.

Yo, en la segunda, perdí como en la guerra. En la guerra en la que a uno le toca perder, claro.

El líquido de contraste, por alguna razón, molestó de manera terrible a mi pobre *bobo*. Mejor dicho, *Bobo* (al menos permítanme que lo ponga con mayúscula). El muy torpe, mejor dicho el Muy Torpe, perdió su control. Entró en proceso de fibrilación. Cada pedacito jugaba para sí mismo y no para el conjunto (por eso digo que Argentina fibrila). Al darse eso, uno se muere, no hay otra.

La única posibilidad de volver es mediante los llamados defibriladores o resucitadores que, como ya explicamos, envían una cantidad elevada de potencial eléctrico al *Bobo*, como para que se avive y retorne a funcionar con su compás habitual y vital. A veces sale bien y a veces no. Depende de muchas cosas y de muchos pacientes.

Lo que nos mantiene con vida en nuestro cuerpo tiene una determinada carga eléctrica. El corazón la tiene –imprescindiblemente– y el cerebro ni hablar. No es la misma electricidad que hace que funcionen los televisores o las videocaseteras, pero es electricidad sin vueltas.

Mi amigo Wisner me contó lo que ocurrió en mi caso.

"Yo te pregunté o te dije, para ser más claro, que te estabas mareando. Lo estaba viendo en los monitores y en el electrocardiograma permanente que se llevaba a cabo con vos como con cualquier otro paciente. El líquido de contraste, por alguna razón que es muy difícil de explicar, había irritado de tal forma tu músculo cardíaco que lo había obligado a fibrilar. Es decir, lo había vuelto –como decimos nosotros– una 'bolsa de gatos'... Cada fragmento de tu corazón actuaba a una velocidad increíble, pero –ahí estaba el problema– en forma independiente, cada uno por su lado. Esto significaba, lisa y llanamente, que el corazón trabajaba pero en vano. No llegaba sangre a ninguno de los lugares fundamentales. En especial al cerebro. Por eso era imprescindible sacar a tu corazón de ese caos, con el choque eléctrico. No hay otra. En ese caso –en el tuyo como en otros– hay que esperar o provocar el paro cardíaco. Esperar a que pierdas el conocimiento por completo. Es el peor momento porque es una carrera con el tiempo. No se te puede dar el choque eléctrico –aplicación de los dos discos de defibrilación– si aún estás consciente, porque el dolor sería terrible. Y no se puede pasar de un límite de tres minutos, como máximo, porque el daño cerebral puede ser en ese caso irreversible. Es una decisión difícil, pero imprescindible..."

En mi caso, la decisión se tomó. Mi amigo Wisner esperó lo que podía esperarse. Es bueno poner en claro aquí que ese tipo de intervención es con anestesia local, ya que uno debe ayudar respirando profundo, dejando de respirar y de una buena cantidad de maneras para las que es necesario estar consciente.

–Te estás mareando –me dijo Wisner mientras miraba el instrumental.

–Sí, sí... –alcancé a responderle.

Y allí comenzó lo que yo nunca imaginé que podía llegar a sentir.

Mi propia muerte. Los umbrales del Más Allá.

DIEZ

SE DESATÓ UNA MAGIA, DE REPENTE

Voy en busca de un gran quizás.
Bajad el telón: la farsa ha ter-
minado.

RABELAIS

ESTE LIBRO GOZA DE UN PRIVILEGIO MUY ESPECIAL QUE LO HACE CASI ÚNICO: lo estamos escribiendo entre todos. Porque aún sin estar terminado ni mucho menos, se está hablando de él y de la Gran Experiencia en varios medios de comunicación. Y acaba de levantar una ola impresionante en sólo veinticuatro horas de hablar del tema. Confieso que no era esa la idea, no en agosto que es cuando escribo estas líneas. Las notas por TV, radio, revistas y diarios son muy útiles para promocionar el libro cuando el libro salió, claro está. Tres meses antes no sirven realmente de mucho desde el punto de vista promocional, pero sí sirven para recibir impresiones, escuchar voces nuevas que se suman al enterarse del proyecto, convivir con emociones. Escribir el libro entre todos, en una palabra.

Ya dije que no era de ninguna manera una idea potable la de salir a que me hagan reportajes, pero cuando Juan Alberto Badía me llamó, supe desde el primer minuto que estaba perdido. Juan no estaba enterado de mi problema cardíaco y mucho menos de mi Gran Experiencia. Al saberlo, circunstancialmente, fue cuando me pidió que fuera a su programa, *Imagen de radio*. Le rogué que esperáramos para más adelante, pero Beto es muy convincente además de ser un excelente profesional, dueño de un prestigio nada habitual en el medio. Por otra parte, mi relación con él y su familia no me dejaba ni un cachito así de espacio para jugarla de divo, y poner excusas que nadie creería. En una palabra, fui. Esto ocurrió hace menos de cuarenta horas, en la madrugada del 15 al 16 de agosto. La charla duró veinticuatro minutos. En el estudio, además del elenco habitual del programa y de los técnicos, había gente de diferentes lugares, que habían ido para ver ahí mismo lo que seguramente todas las noches ven desde sus casas. Mucha gente joven.

Hace veintidós años que trabajo en televisión. Estoy más acostumbrado a estar frente a las cámaras que detrás de ellas. Y estoy acostumbrado, también, a los murmullos, movimientos de un lado al otro del estudio, susurros en algún rincón y órdenes en voz baja que se suceden en la oscuridad, detrás de cámaras. Beto arrancó el programa inusualmente, conmigo a su lado y con el reportaje. El silencio que se produjo en cuanto entramos en tema me asustó en un momento dado. Me impresionaba ver que nadie se movía un centímetro en las tinieblas que hay en el resto del estudio. Me ponía tenso, incluso, la atención del mismo Beto y de los que forman parte de su equipo, todos profesionales de primera como Eliaschev, Castello, María, Silvina, Luis.

No hubo cortes comerciales. Fueron veinticuatro minutos de charla en los cuales a nadie se le ocurrió agregarle a ese relato otra cosa que lo que se veía y escuchaba. En algún otro programa –hay de todo, ustedes bien lo saben– hubieran puesto de fondo música tipo de suspenso mortal, sobre mis palabras tal vez hubieran sobreimpreso luces brillantes y fantasmas de archivo o alguna de esas imbecilidades que hacen que nuestra televisión sea casi siempre atacada y acusada de ser, precisamente, imbécil. Pero –como ven– no es culpa de la televisión, que es un medio maravilloso, sino de quienes la hacen, que muchas, pero muchas veces NO son maravillosos. No es el revólver el que mata, sino el que aprieta el gatillo.

El buen gusto de *Imagen de radio*, común a los programas de Badía (a quien no tengo por qué alabar porque no le debo nada, tan sólo afecto) pesó una vez más y la nota salió pulcra y respetuosa. La charla ante cámaras terminó a la 1.05 de la mañana del jueves. Siete horas más tarde comenzó el aluvión.

El primer llamado fue de una importante autoridad eclesiástica, cuyo nombre no daré porque ni se me ocurrió pedirle autorización para hacerlo. Me dejó entre mareado y conmovido todo lo bueno que me dijo. En especial porque en la charla con Beto había quedado muy en claro que yo no hablaba en nombre de ninguna religión ni creía que esa Luz fuera claramente de una determinada. Una cosa es la Fe y otra la Religión. Sin embargo, este hombre que me llamaba a la mañana aplaudía justamente el testimonio de Fe, y se apasionaba con el aporte que la ciencia de otras latitudes hacía a ese tema: sí que hay vida a partir del momento en que nuestro cuerpo muere. Y este hombre fue profesor de Teología y de Filosofía en universidades del país.

De inmediato el llamado de Silvia Rojas, periodista de *Crónica*. Después, en avalancha, colegas de diarios, revistas, diarios y tele. Amigos míos, la mayoría. Gente a la que me costaba –y me sigue costando– explicarles que necesito terminar el libro para poder hablar de él. Hábilmente, en medio del llamado, ellos y ellas iban sacándome algún que otro datito que sumarían a sus notas, a pesar de que lo que yo hacía era negarme cariñosamente a hacerlas. Tan hábilmente como ellos porque hace treinta años que estoy de ESE lado del mostrador –de los que viven de preguntar, no de responder–, y porque todos los trucos que ensayaban para sacarme aquellos datitos yo los había usado millones de veces; yo les "tiraba" una pequeña cosa –y diferente– a cada uno, pero no llegábamos al punto clave que ellos más buscaban: la descripción minuciosa de mi propia experiencia. No era por avaricia informativa, sino porque estaba justo a punto de escribir ese capítulo en este libro y no quería hablar hasta redondearlo con palabras. Todos lo entendieron. Era el juego de "yo sé que vos sabés que yo sé", y que todos aceptábamos. Pero había algo más: en cada llamado, en cada pequeña charla sucedía algo que se da muy poco en profesionales del periodismo. Una emoción, un asombro, un preguntar cosas "para uno" y no para la nota, un recuerdo de algún querido familiar ya muerto, alguna historia. Hasta que ocurrió aquello.

Esta será la primera vez que lo cuente. No dije ni media palabra a nadie y ni siquiera sé bien por qué tanto secreto, pero lo ocurrido parece merecer algo más que discreción.

No voy a mencionar nombres ni direcciones. Sólo diré que él me llamó por teléfono y me dijo con tristeza pero con naturalidad, esa que se adquiere con la resignación:

"Mi mujer se está muriendo. Yo sé que es mucho pedirle, pero los dos vimos el programa de Badía y a ella se le encendieron los ojitos con lo que usted contaba. Cuando el reportaje terminó usted dijo que amaba a la vida más que nunca pero que le había perdido por completo el miedo a la muerte. Ella y yo nos abrazamos y lloramos juntos, en la cama."

Yo intuí lo que seguía, pero supe que no iba a ser posible evitar todo lo que ya había comenzado. El hombre me contó que ella tenía setenta años recién cumplidos y una enfermedad terminal, un cáncer, que venía arrastrando y contra el cual luchaban desde hacía muchos años. Pero ya no había cómo ni con qué luchar. El mal había avanzado de manera incontrolable y ella –más que nadie, más que sus médicos incluso– sabía que moriría en poco tiempo. La pregunta que siguió era la que yo esperaba con miedo y cierta confusión interna, y fue hecha en uno de esos tonos de pedir, pero con esa nobleza que sólo da el tiempo, o lo quita. Cuando los años avanzan uno va acrecentando o disminuyendo su sentido de la dignidad. Si se observa con detenimiento a la gente de unos setenta años para arriba, se advierte que muchos han adquirido una suerte de fuerza de patriarcas, que viven sin quejarse, que putean –sí– pero con altivez y reclamando derechos, sin entregarse. Y hay otros que todo lo soportan, que se encogieron no sólo en sus espaldas, que llevan en sus ojos unas grandes tristezas por cosas que no fueron, que sólo esperan, que se entregaron.

Ambos –al igual que cada uno de nosotros– van a tener el mismo fin y es muy posible que la misma vida eterna, feliz y regocijada. Pero no viven igual en esta vida sus últimos momentos. Si me permiten un consejo a aquellos que lean esto: vivan la llamada tercera edad como los primeros; encarando la vida con aumentado coraje, con la seguridad de que –si lo piensan bien– antes tenían más cosas que perder, cáguense en los que son indiferentes con ustedes y exijan del Estado o de sus hijos o de sus parientes más jóvenes y pudientes que les den más. Pidan más porque merecen más. Y siempre con tono y frente alta.

Así era la imagen que me hice de él cuando lanzó la pregunta por teléfono:

–¿Usted no podría verla unos minutos? Le haría mucho bien.

–Señor...

Yo sabía que iba a ir, pero quería ponerle en claro algo clave antes de responder. No quería encender esperanzas falsas.

–Señor... Yo quiero que usted comprenda que yo soy sólo un periodista, un investigador, un buscador de datos...

–Lo sé, lo hemos visto muchas veces en sus programas. Pero aquí lo que a usted lo hace diferente es que vivió la experiencia de la muerte y la cuenta de esa manera tan... tan bella.

Señor: me refiero a que quisiera que entienda que no soy un santón, un curandero, un milagrero. Nada va a cambiar en la enfermedad de su esposa si yo la veo, quiero que tenga esto en claro.

—Sueiro: yo estoy de acuerdo en que no me conoce y que puede imaginarme de muchas maneras distintas, por eso acepto y comprendo lo que me explica. Pero yo tengo 68 años, soy un profesional ya jubilado pero con mi mente totalmente lúcida, que yo sepa. Yo no lo llamé buscando un santón o un manosanta. Más aún: si supiera que hay santones o manosantas que pudieran curarla no dudaría en llamarlos, a pesar de lo que se supone que es mi bagaje de cultura. No dudaría. Pero no es el caso. Simplemente ella y yo sabemos que queda muy poco tiempo y ya no hay nada más por hacer. Hace años que peleamos. Y nos toca perder. Yo lo llamé a usted porque pensé que tal vez pudiera contarle a ella su propia experiencia, todo lo que averiguó con otros, sus sensaciones. En el programa de Badía usted habló de que este libro tal vez pudiera ayudar a morir a mucha gente. Dios quiera. Pero ella no tiene tiempo a esperar que el libro se edite.

No había más nada que hablar. Ni siquiera sabía en qué me estaba metiendo y olvidé por completo que hacía cosa de un mes y medio se me había aconsejado evitar las emociones y manejarlas lo mejor posible cuando eran inevitables. Esta era inevitable.

—¿Cuál es su dirección, señor?

Lo que siguió horas más tarde fue el momento casi mágico. En este libro yo estoy contando absolutamente todo lo que va surgiendo, aun cosas muy personales que nunca imaginé ventilar en público. He dejado abierto el grifo de mi propia espontaneidad aun usando —como habrán visto— lo que suelen llamarse "malas palabras", aunque ninguna escandalosa. He querido que, con absoluta sinceridad, todo vaya fluyendo de mi cuerpo a la máquina como si ésta estuviera aceitada con mi propia sangre. Porque necesito llegar al alma de ustedes y esa es la única forma. Tal vez desprolija, no lo sé, pero caliente y franca. Directa y sin vueltas. Sin omisiones ni tapujos. Hasta aquí. Porque prometí discreción y amo cumplir mis promesas. Les pido disculpas pero no voy a relatar la hora y algo que estuve charlando con ella, los dos solos. Me suena morboso reproducir algunas preguntas que me hizo, definir sus miedos iniciales, contar cómo era la mirada de aquellos ojitos. No hay detalles, no hay diálogos textuales, no hay grabaciones, no hay descripciones. No es difícil imaginar qué cosas pregunta alguien que está muriendo a alguien que cree que sabe las respuestas. Si tienen agallas suficientes, imaginen que les están quedando sólo días de vida: ¿qué me preguntarían? ¿qué desearían saber? ¿cuáles serían sus dudas? Muy bien, ella preguntó lo mismo, se alivió con las mismas respuestas y se aferró a cada cosa que yo le iba contando. De todas formas, este libro contiene lo que yo le conté a ella y mucho más. Y esto, obviamente, no es un argumento de venta de ningún tipo porque si usted lo está leyendo, ya lo compró. Detesto, porque la conozco, la lacra escéptica del argentino. Necesita, como Santo Tomás, meter los dedos en las llagas de las manos y en el lanzazo en el medio del pecho para creer. Y lo haría sólo ante escribano público. Necesita para todo un contrato firmado. Lo más lindo es que se lo dan, pero falso. Son –en todos los libros americanos que hay sobre el tema– poquísimos los casos en los cuales se menciona nombre y apellido de los pacientes, pero nadie duda de esos testimonios. Ni se les pasa por la cabeza imaginar que son inventos. Acá, aunque uno mantenga un prestigio de credibilidad de décadas, la única forma de seguir manteniéndolo es como hicimos en el libro: nombre y apellido, profesión, lugar donde viven, lugar donde se hizo la entrevista, tiempo reinante en ese día y –de ser posible– cotización del dólar en la fecha del reportaje.

En este caso ya aclaré de entrada que no daría datos y pido disculpas por no detallar la entrevista. Baste con saber que ella se rió un par de veces, que tenía los ojitos vivaces, que su lucidez metía miedo, que se quedó creo que sensiblemente más tranquila y que a la media hora de charla empezó a perder la solemnidad porque advirtió que yo no la tuve ni siquiera desde el principio. Los enfermos se enferman más cuando los que estamos a su alrededor ponemos caras, gestos y actitudes que no hacen más que recordarles justamente que ellos están enfermos. El planteo de una charla de este tipo, si es que alguno de ustedes puede hacer algo por ayudar en un momento similar, es muy sencillo. Es el mismo que es la base de este libro: aceptemos en primer lugar que todos nos vamos a morir; tomémoslo como lo que es, algo natural; y sumemos lo que acá remarcamos a través de testimonios y los últimos estudios internacionales a nivel científico sobre el tema, es decir que HAY VIDA DESPUÉS DE LA VIDA. Y no sólo eso, parece ser que es mucho pero mucho mejor. No se nos ocurra adelantar las cosas y buscar la muerte nosotros mismos –ya lo dijimos–, porque el resultado es feroz. No sólo hallaríamos el verdadero infierno, de acuerdo a testimonios de suicidas que fueron rescatados de la muerte, sino que quedaríamos marcados para siempre. Los católicos, los judíos, los protestantes, los evangelistas y muchos otros, oímos muchas veces aquello de "Dios da y Dios quita". Y tanta gente junta no se equivoca. Es así, nomás. El asunto es que, cuando me fui, ella me aseguró que estaba mejor. Un par de veces había tomado un rosario cercano, sobre la mesita de luz, y lo besaba. La última de esas veces le dije que me parecía muy bien que lo hiciera, que todo lo que el rosario significaba la iba a ayudar, pero no se olvidara de que a Dios lo tenía dentro y siempre. Yo soy católico y la entendía, pero siempre me molestó un poco eso de que en 1990 sigamos aferrándonos a cosas materiales (medallitas, estampitas, imágenes), como si fueran los pasamanos de la Fe. Son los símbolos de ella, pero no son ella. Me aterroriza que demos pasos atrás y podamos, a esta altura, convertirnos en animistas (para los cuales todo tenía *ánima*, es decir alma: un pedazo de madera, un chicle, un tornillo) o fetichistas (cuya fe estaba volcada por completo en los fetiches, las imágenes, los símbolos). Estuve a punto de hablarle a ella un poco sobre eso, pero me frené. Recordé una parte de la charla entre *la Bella* y *la Bestia* (la sicóloga Silvia Moscoloni y quien les escribe, en ese orden). Una parte de la charla que no quedó registrada en el libro y que fue a grabador apagado, cuando seguíamos hablando pero de cada uno de nosotros.

–Y vos... ¿vos tenés Fe? –le pregunté.
–Y... Va y viene –me contestó entre sonriente y pudorosa.
–Pero eso no es malo. Después de todo parece ser que la verdadera Fe ha nacido siempre de la duda. No está mal que vaya y venga.
–No, claro. Ya lo sé. Vos tenés mucha Fe, por lo hablado hoy...
–Y, sí. Y estoy muy contento. Sólo quisiera contagiarla un poco más, regalarla por ahí, convencer. La Fe no se impone por decreto. Sí, no soy de los que van a misa todo el tiempo ni cumplo con todo lo que debería, pero desafío a más de uno de ellos a ver quién tiene más Fe y quién la defendió más veces. Sí, tengo mucha Fe.

Terminó de masticar su pollito mientras una sonrisa de boca cerrada se le pintaba de a poco. Tomó un trago, me miró con afecto y dijo:

–Cuidala. Cuidala siempre. No te podés imaginar lo que la Fe te ayuda en la vida. Y en la muerte...

Me acordé de aquel diálogo con Silvia, y me dije que la Fe puede y creo que debe tener infinita cantidad de caminos. ¿Quién soy yo, un excremento flotando en el Río de la Plata, para quejarme sobre la polución ribereña? Volviendo a esta señora: ¿para qué complicarle sus últimos días cuando tal vez aquel rosario fuera lo que la estaba uniendo con el Lugar Adonde Iba? Vivir se puede complicar sensiblemente, cuando uno intenta todo el tiempo evitar las cosas que puedan dañar a los demás. Pero, hacer lo contrario ¿puede ser llamado vivir?

Nos dimos unos besos, nos dijimos cosas lindas y me fui, sabiendo los dos que no volveríamos a vernos. Acá, me refiero, claro está. Él me acompañó hasta la puerta, con su misma dignidad telefónica, su misma forma de agradecer con altura, su andar a lo De Gaulle –rígido, erguido y noble en medio de la lluvia de balas sin que le tocara ni una sola–

y su apretón de manos húmedo y fuerte. Yo soy un besucón. Aun cuando duraba el apretón de manos, me incliné y le di un beso en la mejilla que lo sorprendió, pero que creo lo ablandó. Me soltó la mano, me abrazó, me dio ahora él un beso en la mejilla y se quedó parado, mirándome ir por el pasillo hacia la puerta que comunicaba al edificio de buen pasar con la calle. Yo no me di vuelta para mirarlo otra vez. No me animé.

Esa noche, al llegar a casa, tenía muchos llamados telefónicos. Había entre ellos mucha gente que yo no conocía. A otros sí, claro. Amigos, conocidos, compañeros de trabajo y un nutrido grupo de personas que se enteraron de mi problema cardíaco por lo de Badía. Un llamado en especial me gustó y lo contesté enseguida. Hacía mucho que no hablábamos porque él viaja muy seguido, y cuando está acá tampoco nos vemos porque no tengo ni idea del motivo, pero no nos vemos. Sin embargo, desde hace muchos años, yo lo quiero mucho porque sí, porque se me canta y por lo que canta. El papelito del mensaje decía "PIERO" y un número de teléfono. El "Tano" Piero, el de mi juventud cantándome a mí y a tantos Mi viejo, o Juan Boliche, o Llegando llegaste, o mil más. El de un tiempo más cercano, verdadero inventor del término y la práctica de lo que los pendes aún hoy llaman "buenas ondas". Amante de la paz, a veces –según mi parecer– estúpidamente acusado de zurdito o algo así. Lo que siempre me acuerdo del Tano Piero es que, pase lo que pase, sin cambiar el tono de su voz chiquita, cariñosa y cotidiana, no dejaba nunca de sonreír, con ese gesto de la Gioconda pelilarga y enrulada. Cuatro días más tarde de ese llamado que me había hecho después de años viajaría a Colombia.

–¿A Colombia, Tano? ¿Hay clima para algo en Colombia? Están matando cincuenta fulanos por día con la guerra esa de la falopa.

–Es el mejor lugar. Yo estuve hace poco y le contaba a un colombiano que pensaba volver para iniciar una campaña por la paz y el amor. El tipo no entendía nada, imaginate. "¿Justo acá va a hacer esa campaña?" me dijo. Seguro, le contesté, ¿adónde quiere que vaya a hacerla? ¿A Suiza? Ustedes, los colombianos, están conviviendo con la muerte todo el tiempo. Es hora de empezar a hacer algo por la vida. Hay un grupo de gente que me apoya y vamos a largarnos. Directores de diarios, dueños de empresas, gente de trabajo, todos por la vida. ¿Cómo la ves?

–La veo bárbara. De mucho cojón. Si uno mira pasar la vida igualito a como las vacas miran pasar el tren termina igual que las vacas: achuradas y sin gloria. Yo prefiero a los locos que se ponen delante del tren antes de que llegue al lugar donde está la vía rota. Lo más seguro es que el tren te haga mierda y encima descarrile cuando llegue a la rotura. Pero ¿y si te ven antes y frenan? Eso, y aunque te atropelle, es pasar por la vida participando y con gloria. Hacer algo ¿Ya te vas?

–En cuatro días. Pero vuelvo dentro de un mes, más o menos, y quiero que nos juntemos. Me pareció "diez" lo que te escuché en Badía... La tenés más clara que nunca, ¿no?

–Más clara que nunca, tal cual.

–Esto va a ayudar mucho, loco. La gente te cree a vos y eso es importante. La gente le da mucha bola a la muerte y vive con pánico pensando en que un día chau. Tienen que entender que no es así. ¿Vos crees en la reencarnación?

–Quiero saber más del tema, Tano. Se supone que si soy católico no debo creer, pero me gustaría investigar más sobre el asunto de todas formas. Después de todo el catolicismo aceptó la reencarnación hasta una época que no tengo muy en claro. Yo sé que se decidió no aceptarla más después de un Concilio, en el año del mongo, pero no venía desde siempre con la religión. Se decretó no creer en ella. Quiero, por ejemplo, saber el porqué del cambio.

–Mirá, yo sé que la creencia en la reencarnación le trajo algunos problemas a algunos pueblos. Pero es casi un hecho...

Después de la charla con el Tano me metí a averiguar lo que pude sobre el tema, aunque fuera de soslayo, ya que no es el de este libro. Supe, por ejemplo que el emperador

Justiniano ("el puntual", le decían) tomó la decisión de abolir el tema de la reencarnación por el 550 después de Cristo, más o menos. Pero los cristianos de la época eran notoriamente más cabezaduras que los de hoy. Tenían, además, enormes otras partes del cuerpo además de la cabeza. Y se jugaban esas partes por su Fe, cosa que ahora se ve pero poco, para qué engañarnos. Los cristianos resistieron, como digo, a lo que ya formaba parte de su religión. Justiniano se enojó como loco, pero no sirvió de mucho. Recién en el siglo XIII –una época de la Iglesia que no fue de las mejores– los pocos que aún persistían creyendo en la reencarnación fueron convencidos con un método que se juzgaba infalible: se los mataba, para que vieran que no volvían nada. Digo yo, bah. Pero que los mataban, los mataban. Sobre eso no hago chanzas.

Con el paso del tiempo muchos intelectuales apoyaron la idea de la reencarnación y otros se opusieron, esta vez afortunadamente también con otras ideas en lugar de horcas u hogueras. Desde mi humilde punto de vista, el señor Voltaire fue una especie de Atila de la literatura filosófica. Criado por los jesuitas dio luego un giro por el cual no se transformó nunca en ateo, pero rompió con moldes que hasta entonces sustentaban a la religión católica. Y sin piedad alguna, ni el menor cariñoso recuerdo por aquellos que lo educaron.

François Marie Arouet, tal el verdadero nombre de Voltaire, que pasara a mejor vida en 1778, dijo respecto a la reencarnación: "Al fin de cuentas ya nacer una vez es algo sorprendente... ¿por qué iba a sorprendernos más nacer dos veces?". Aunque por esta frase parezca mentira, Voltaire puede o no ser discutido –a mí no me cae–, pero nadie podía ni puede negar su inteligencia. Creo que es una frase tonta porque, con el mismo criterio, cualquiera podría decir que es asombroso tener un brazo izquierdo y que si lo cortamos y crece otro enseguida, no habría por qué asombrarse. Juro que hay mejores maneras de defender la reencarnación. Pero insisto en que no es el tema de este libro. Nos apartamos un poco para aclarar algunos datos de la charla con el Tano Piero, quien me decía:

–Hay pueblos a los que le trajo problemas porque mucha gente se dejaba estar en esta vida sin hacer nada para mejorarla. Total, después lo iban a hacer mejor en la que seguía. Claro que esa es una pobre interpretación de la reencarnación. Hay otras más, de todos los días, pero más inteligentes y más claritas. Vos sabés que a mí se me murió un hijo hace muchos años. Era un bebé, apenas. Se llamaba Mariano. Después vino el que tengo ahora, que ya tiene quince. Cuando tenía tres años debía estar medio podrido de verme siempre triste cada vez que se hablaba por algo de Mariano, al que él no había conocido. Tres años, tenía. Y un día me dijo: "Papá ¿por qué te ponés mal cada vez que se habla de Mariano? Si Mariano soy yo."

El silencio que quedó en la línea telefónica se media con balanza. Masticaba yo aquella respuesta del hijo de Piero y sentía una cosa en la garganta que hacía difícil tragar tan sólo saliva.

–¿Tres años? –fue todo lo que pude decir.

–Sí, tres años. Es otra vida, es otra percepción, los chicos están creciendo hasta que empiezan el "cole". Después van todos a la misma bolsa y se acabó el crecimiento en serio...

–Me acuerdo de la película *The Wall*, los chicos en la cinta transportadora cayendo uno detrás del otro, vestiditos de uniformes de colegio, en la máquina trituradora de carne. Es la escena que más grabada tengo.

–Y eso se va a acabar, Gallego. Porque el mundo viejo que nosotros no supimos cómo manejar hasta ahora está cambiando. Se cae el muro de Berlín, viene la Perestroika, estalla la Paz, nos vamos uniendo.

–Es cierto, desaparecen como con asco las ideologías. Acá importan las ideas, más que nada.

–Y, por sobre todo, importa lo que a mí me impactó cuando te vi con Badía. Lo que hace que tanta gente te esté llamando. Lo que, como vos me contás, emociona a los mismos periodistas curtidos. Importa lo único importante: la vida y la muerte.

–Me cago, Tano. Si yo no fuera tan tímido te afanaría esa frase.

–No hace falta. Es de todos. Y vos ni te das cuenta, pero sos uno de los que están llevando la bandera de lo que va a venir. Pero si te dieras cuenta, no sería lo mismo. Eso sí: no largués la bandera.
–Estoy deseando hablar con vos cuando vuelvas, "Tano". Chau. Y que Dios te bendiga.
–También a vos. Te quiero mucho.

–¿A quién hay que agradecerle en la vida este tipo de diálogos? Avisen, así me dirijo a la ventanilla o mostrador correspondiente, lleno los expedientes necesarios, pago la estampilla, lo hago sellar y lo mando con un beso a Dios para pedirle en un apartado de la hoja tamaño oficio que –por favor, por favor– me haga vivir algún "replay" de charlas como esa.
¡La vida es tan bella tan a menudo!
Es una idiotez que a veces no nos demos cuenta, porque tenemos la mente ocupada en la cuota de la videocasetera.
La vida es tan bella tan a menudo.
En especial cuando se le perdió el miedo a la muerte.
En las siguientes cuarenta y ocho horas a la nota por ATC, el aluvión fue incontenible. Como queda dicho, muchos llamados de colegas y de amigos. Pero otros de gente que yo no conocía.
CARLOS VÁZQUEZ me dejó su teléfono y todos sus datos. Llamaba para alentarme a continuar con la cosa (muchos lo hicieron, hay como un inconsciente colectivo que se transforma en temor a que aflore el paparulaje o la burocracia intelectual y desprecie este tipo de buceos). Carlos me contó de su mamá, hace dos años, viejita y muriéndose pero con una gran lucidez. Carlos vivía con ella y su papá, por entonces. Carlos me contó que su mamá sabía que estaba muriendo y le decía a él que no se hiciera problemas, que ella iba a estar mejor Allá.
Un par de veces, en voz baja, le dijo señalando al papá, también viejito (estuvieron casados nada menos que 60 años) "se va a morir... está sequito, miralo... se va a morir porque tiene cáncer." El papá no sentía nada hasta ese momento. La mamá de Carlos, en paz con Dios y con ella misma, murió. No mucho después –casi enseguida– se le

detectó un cáncer demasiado avanzado al papá de Carlos. Al poco tiempo moriría. ¿Murió realmente por el cáncer? ¿Puede el cáncer tener algo de psicosomático como la mayoría de las enfermedades, y el papá de Carlos, simplemente no quiso vivir más al morirse aquella con la que había compartido sesenta años de su vida? ¿Hace la muerte que una persona adquiera una suerte de poderes especiales, como el de la mamá de Carlos? ("se va a morir... está sequito, miralo... se va a morir porque tiene cáncer") Dios mío: ¿son tantas y tan complejas las cosas que no podemos explicar? ¿O es que son tantas y tan simples?

ONCE

MI GRAN EXPERIENCIA

Ser o no ser: ese es el dilema
SHAKESPEARE

–TE ESTÁS MAREANDO –me dijo Jorge Wisner.
–Sí, sí –repetí.
Menos de un segundo después entraba en un túnel negro como ha de ser la nada. Con la ayuda posterior de mi amigo Wisner logré recomponer el cuadro de lo ocurrido no sólo en mí, con mi propia alma (para eso no hizo falta ayuda) sino afuera, con mi cuerpo. Por eso preferí unir todo para el relato y conseguir que cada pieza del rompecabezas entrara suavemente en el lugar correspondiente.

No había sido necesario que el doctor Wisner diera órdenes imperiosas al estilo de lo que habitualmente vemos en las películas. Yo había creído que algo de eso seguramente había sido lo sucedido, pero Jorge me sacó con su habitual aparente modorra y su permanente y riguroso profesionalismo de todas mis fantasías fílmicas.

"No hace falta que yo me ponga como loco cuando ocurre un paro cardíaco, ni siquiera el tuyo que sos mi amigo. Al contrario. Más que nunca todos los que estamos ahí tenemos que conservar la calma. Durante todo el estudio

163

todos los que estamos allí estamos observando los monitores y el electro, no tanto a vos, aunque te duela."

El doctor Wisner está trabajando con sus manos sobre mi cuerpo, ordenando cada paso hasta que el líquido de contraste entre por el catéter e inunde mis coronarias. En el cien por ciento de los casos este líquido provoca un calor interno abrasador, que arranca en los dedos de los pies y sube con una rapidez asombrosa por todo el cuerpo. Sus puntos más ardientes están en los pies, como dije, en la cara y –lo que es peor– en los testículos. La sensación es la de una inyección de brasa de carbón, si es que eso fuera posible. Una inyección de lava de volcán. O del café que prepara mi tía María, que hay que pedírselo el martes para poder tomarlo el jueves, tibiecito. Los pies y la cara vaya y pase. Lo otro es descojonante. Y nunca, creo, una palabra ha sido aplicada con tanta exactitud en idioma castellano.

Pero se aguanta. Para algo uno es macho (al menos hasta entonces). Son apenas unos pocos segundos. Pero para uno son primeros, francamente, porque si esos son los segundos, ni pensar en mejores categorías. De todas formas, insisto en que se aguanta.

En el 88 ningún problema: el calorcito de marras –que el médico tiene el buen tino de anunciar antes de que comience porque, de no hacerlo, el susto que uno puede pegarse es como para cagarles toda la camilla a esta pobre gente, ya que el ardor estalla de golpe y uno no sabe ni por qué– y poco después un "movete para aquí", "ahora para allá", un "¿cómo te sentís?" y listo. A otra cosa.

En el 90 no fue tan sencillo. Algo pasó. Mi organismo, seguramente, no estaba tan bien preparado o algo por el estilo. Pero ocurrió lo del mareo, según Wisner; mi "sí, si" y a lo negro, como en Harlem.

En ese momento, decía, Jorge miraba el electro, los monitores y a la parte de mi cuerpo donde estaba trabajando. Simultáneamente, hay dos personas de enfermería y un técnico que siguen con su trabajo en lo que a mi estudio respecta, pero que tampoco dejan de mirar el electro y los monitores. En realidad, esos aparatos son los que van determinando más que otra cosa si aún estoy ahí o si arranqué con el Viaje. Es decir que siempre hay alguien del equipo que pesca el comienzo de una anomalía, la que sea.

Yo me sentía mareado tal como se lo confirmé a mi amigo Wisner, pero estaba aún consciente y no escuché que nadie del resto del equipo le avisara que me venía en banda, que estaba a punto del paro cardíaco. Pero no fue necesario. Todos lo advirtieron simultáneamente.

Se miraron entre sí, mientras el electrocardiógrafo les mostraba el claro principio de una fibrilación. Ya contamos que es. Y no está de más reiterar que no se sale con vida de eso a menos de contar a mano con el desfibrilador (o resucitador) y usarlo antes de tres minutos, para no quedar convertidos en perfectos ejemplares de vegetal. No fue como en las películas. El doctor Wisner no tuvo que dar ninguna orden, simplemente porque, para esos casos y cuando todos lo advierten, ya cada uno sabe qué tiene que hacer. Es hasta misterioso. Da miedo pensarlo ahora, pero la realidad no fue de un nerviosismo cinematográfico ("Traigan aquello", "apliquen esto", "se nos va, se nos va", "más potencia", "piiiiiiiiiiii"), ni cosa parecida. Creo que es mucho más dramático, casi, el silencio en el que todos consienten, sin tener que abrir la boca para expresar que "el fulano que está allí horizontal" –en este caso yo, humildemente– ya empezó la Mudanza. Y cada uno –como en el *Antón Pirulero*– atiende su juego.

Lo primero que se hace, rápidamente –suele ser tarea del enfermero– es retirar de sobre el pecho del paciente el aparato grandote que, colgando del techo, es ese que se estaba encargando de filmar las coronarias para saber en cuál de ellas estaba la obstrucción. Se despeja la zona, en una palabra.

Enseguida el técnico conecta el desfibrilador y se acerca a mí, por completo exánime (muerto, digamos, ya que hace unos segundos que no respiro y que no me late el corazón), y de un manotazo saca lo poco que quedaba de bata sobre mi gordo, flácido, poco deportivo e inerte cuerpo. Quedo desnudo y muerto.

Wisner –el capitán de ese barco en emergencia– debe aún esperar unos segundos para mi propia protección, ya que la aplicación del defibrilador sobre mi pecho mientras yo aún conservara "vida" (latidos, respiración), sería francamente poco recomendable. El dolor alcanzaría una intensidad tal que, eso solo, podría provocar un enorme daño físico y psíquico. Trabajo difícil el del que debe decidir (como siempre en todo): debe esperar unos segundos hasta estar seguro de mi "muerte". El corazón, mientras tanto, es una cabaretera vieja y pintarrajeada que se hace la mocosa moviéndose a lo loco, con una minifalda roja y desflecada. El corazón ya no sirve, en ese momento. Pero, la otra punta del dial: si Wisner –o el responsable que fuera– dejara pasar más tiempo del debido (se supone –insisto: SE SUPONE– que no más de tres minutos), el paciente puede recuperar luego su ritmo cardíaco y hasta volver a respirar, pero en casa ya no tendrán problemas con que esté todo el tiempo en cama, ya que por lo que le quede de vida bien pueden ponerlo en una maceta. Su cerebro habrá muerto (lo cual es irreversible, no hay regreso de tal cosa) y no hay nada que pueda hacerse para mejorar esa situación.

A eso me refiero cuando digo que es difícil el trabajo de quien debe decidir en ese momento, cuándo es el instante oportuno para el saque eléctrico. Unos pocos segundos pueden ser la diferencia entre la vida y la muerte, o –lo que en lo personal creo que es peor– entre la muerte y la vegetación.

Wisner esperó. Todo el equipo esperó. Algunos que estaban en los pasillos de los quirófanos entraron y miraban desde la puerta, porque yo me había hecho amigote de la mayoría. El silencio era denso. De repente Wisner, sin sacar los ojos de los monitores y del electrocardiógrafo dijo, sin dramatismo, con total naturalidad: "Creo que ahora".

El técnico Marcelo Gubert (al que por alguna razón no difícil de imaginar llaman cariñosamente "Opinator") tomó las dos manijas del defibrilador que le había alcanzado Mary, la enfermera, y colocó una en el medio de mi pecho y la otra en un costado, en el perfil de mi cuerpo. Marcelo sí dio el aviso en voz alta de que venía el choque eléctrico, para que nadie del equipo estuviera tocándome y pudiera recibir semejante patadón. Todos se apartaron un paso. Vino el choque. Mi cuerpo muerto se sacudió como una sábana recién sacada de la cuerda de la ropa por mi abuelita, y agitada al viento para luego doblarla. Se sacudió en un salto grotesco e inanimado, como quien pretendiera hacer flamear a un muñeco de ventrílocuo. Como una cosa. Y, Dios mío, en ese momento esa máquina casi perfecta no era más que una cosa.

Fue suficiente –al menos según me dicen– un solo choque eléctrico. Comencé a volver a la vida, y lo primero que vi fue (imagínenme boca arriba en la camilla) una sucesión de caras con barbijo que me miraban desde una tiniebla difusa y absurda, un fuera de foco como los del cine, mientras varias voces decian algo. La que predominaba era la del doctor Wisner, mi amigo Jorge, que –para no hacer que las cosas se pusieran peores en ese momento– repetía como en una letanía médica:

–Ya está, ya pasó. Te mareaste. Ya está, solo te mareaste un poco. Ya pasó. ¿Te sentís mejor? Te mareaste, nada más.

Por decirlo con palabras sencillas y directas: "un mentiroso de mierda". Obviamente él –y todos los que allí estaban– sabían lo que había ocurrido. Pero es norma de la casa, digamos, primero tranquilizar y después entrar en detalles. Bastante después. A veces ni siquiera existe ese después. Hay muchos casos en los cuales el paciente sufre un paro cardíaco en medio de cualquier tipo de intervención y los médicos a su cargo deciden, una vez que lo devolvieron a la vida, no contarle lo que le pasó, porque consideran que esa persona sufriría tanto física como psíquicamente al enterarse de que "estuvo muerto" aunque más no sea un rato.

Visto fríamente es por completo comprensible, aceptable y –en casos– hasta digno del aplauso. Si no hay secuelas, ya que el choque eléctrico no suele dejarlas en absoluto ¿para qué complicar alguna psiquis que ya viene complicada solita sumándole la historia de la muerte? En mi caso, parece que estaba preparado para recibir la cosa y había, además, aquel viejo pacto con Jorge Wisner:

–A la americana. Si me quedan diez minutos de vida, decímelo para saber qué hacer con ellos. Nada de vueltas y mentiritas. A la americana...

Y Wisner es de los que cumplen. Unas dos horas después de haber pasado todo, me lo dijo. Todo, a propósito, duró cuarenta segundos.

Mi muerte, la que ahora voy a contar, duró cuarenta segundos.

El paso de la vida a las tinieblas fue inmediato, instantáneo, puede decirse que no hay cómo medirlo. Es un paso en la nada y se siente lo mismo que ustedes sentirían ahora si –sin aviso previo, sin esperarlo– todo lo que significa luz se apagara como obedeciendo a un poderoso interruptor capaz de eliminar al propio sol. Negro total. El mundo fue desenchufado.

Casi enseguida sentí que ya no tenía cuerpo, que yo era otra cosa que mis ojos miopes y celestes, mi pelo que insiste en ponerse escaso, mis piernas desgarbadas, mis manos algo torpes, mis kilos, mis centímetros, mis litros. Yo –ese nuevo yo– flotaba en alguna parte fuera de los pesares que me acarreaba cargar con todo un cuerpo. Lo pienso ahora y no entonces, pero advierto que no existían allí las sensaciones que pueden cambiar una vida o –por lo menos– un humor: no hay calor, no hay frío, no hay dolor, no hay viento. Lo que queda claro, clarísimo, es que ese algo que era estaba muy cercano a lo perfecto. De repente, la Luz. Impresionante. No había medidas en ese lugar donde me encontraba, pero sí había sensaciones y la mía era que esa Luz estaba muy cerca, frente a mí. Era como un sol. Un sol ovalado (yo, al menos la veía de esa forma) emanando infinitos rayos, que rasgaban las tinieblas de alrededor penetrándolas, matándolas, haciendo notar su poder. La Luz apareció y fue como un baldazo de pintura blanca sobre un pizarrón cerradamente negro.

Pero la Luz tenía, también, algo de dorado, de un dorado suavecito de inmaculada pureza que brillaba y atraía con un millón de veces la fascinación que produce el fuego de un hogar en medio de la oscuridad y el silencio. Mi nuevo "yo" sentía la necesidad de acercarse, de entrar a esa Luz para formar parte de ella.

–¿Vos querías acercarte a la Luz? –recuerdo que me preguntó alguien el día en que le contaba mi experiencia. Y fui el primero en asombrarse cuando me escuché a mí mismo responder con total certeza lo que *sentía* con total certeza:

–No importaba lo que yo quería... No había ninguna duda de qué, desde que apareció, era la Luz la que decidía todo...

Entre esa Luz y mi nuevo yo había una comunicación fenomenal, sin que existiera una sola palabra. La sola visión de Ella me hacía sentir que todas aquellas cosas de las que dudé en el mundo, porque el mundo me hizo dudar de ellas, en realidad sí existían: la Justicia sonaba como la que uno siempre soñó; la Comprensión era algo tan natural que se imaginaba uno que era imposible vivir sin ella; la Bondad valía la pena desde siempre, y ahora "para siempre". Y por sobre todo había dos sentimientos que emanaban de aquella Luz, de manera arrolladora pero suave, como un alud de nubes, una avalancha de besos: el Amor y la Paz.

Dios mío, quisiera poder encontrar cada sustantivo y cada adjetivo para pintar lo que luego supe –ya avanzada la investigación– que TODOS decían al querer definir esa Paz: "no tengo palabras". Y es que no las hay porque no es "haber llegado a un estado de paz". Es *La Paz*. Uno siente que estuvo corriendo mucho tiempo por un camino lleno de piedras, descalzo y llevando sobre los hombros, en la cintura, en el cuello, en las piernas, pesas de cincuenta kilos cada una que ya no se aguantaban más y que golpeaban los costados del cuerpo amoratado y fofo. Y siente, en milésimas de segundos, si pudiera medirse así, allí, donde también el Tiempo ha muerto, siente –digo– que le han sacado las pesas, que han limpiado el polvo con caricias, y que ya no hay camino de piedras porque uno flota.

El éxtasis es absoluto. La Luz es una Luz, queda dicho. Por lo tanto no tiene nada humano y tampoco facciones, pero yo juraría que la Luz estaba sonriendo ante mi asombro, mi paz, mi placer infinito. Sí, estoy seguro, la Luz sonreía. Y si no lo entienden les ruego que me disculpen pero es así como yo lo sentía entonces y lo recuerdo ahora.

–¿No te decía nada?

No. No al menos con palabras como las que conocemos. Es que nada era como lo que conocemos. La Luz era increíblemente brillante pero no me enceguecía en lo más mínimo. Yo la sentía cerca sin dar un paso ni notar que la Luz lo hiciera. Era otro espacio, un espacio diferente al de las tres dimensiones, donde nos movemos como pobrecitos. No era cuestión de que algo fuera alto, ancho, profundo. Ni siquiera importaba. Sé que no es fácil entender lo que pretendo hacer entender. Temo estar complicando las cosas, pero me desespera intentar hacer llegar a ustedes cada fragmento de lo sentido. Me pregunto si treinta años de vivir de escribir pueden servir ahora para acercar, tan solo acercar aquellas sensaciones. No me enceguecía, no sentía calor ni frío, no había dolor ni placer físicos, sencillamente porque mis ojos eran los que estaban vueltos hacia arriba en ese cuerpo tirado en la camilla, al que le estaban haciendo saltar con una descarga de electricidad. Yo *veía* con otros *ojos*. El *Alma*, el *Karma,* el *Espíritu* o como quiera cada uno de ustedes llamarlo de acuerdo a su propia religión, no necesita ojos.

Contado ahora esto desde acá, no es fácil de entender, supongo. Pero mientras ocurría, era lo más natural. Lo razonable era eso: estar flotando sin cuerpo, frente a un óvalo de Luz incomparable que emitía una paz con la que ni siquiera soñamos soñar; un Amor que todo lo abarcaba, que hacía que todo tuviera un sentido.

Había –en medio de todo eso– un clima general como de alegría, de cierta traviesa complicidad por algo entre la Luz y yo, una cosquilla a la existencia. Había, aunque suene absurdo, una sensación no sólo de paz y de amor incomparables sino también una sensación de humor, de chiste compartido, de torta cortada en dos y de morirnos de risa porque uno quiere darle al otro el mejor pedazo, pero como son iguales no hay manera, y eso nos pone infantilmente divertidos. Esa es la palabra: infantil. Uno es un chico que siente como un chico pero sabe como un sabio. No hay nada que se ignore. Y, si lo hay, es porque no vale la pena. Me extiendo en el intento de explicar las sensaciones frente a la Luz antes de seguir con el resto de mi Gran Experiencia, por dos razones fundamentales. La primera; porque es éste el momento supremo no sólo en mi caso, sino en el de millones de personas que han pasado por lo mismo en el mundo y a través del tiempo. La segunda razón es que hasta ahora todo lo publicado al respecto ha sido relato del paciente a su médico, que luego –en casos– lo escribió a su manera, con sus propias palabras, siendo ésta la primera vez que alguien que tiene como profesión escribir puede encarar el intento de descubrir una palabra que acerque más a la idea, una metáfora que dibuje mejor lo percibido. Pero es difícil, sigue siendo difícil. Se puede escribir con lo que nos enseñaron y sobre lo que aprendimos. Nadie me enseñó exactamente qué es Dios, ni qué la muerte, ni la Gloria, ni siquiera la paz de la que tanto escucho hablar desde que tengo uso de razón pero no creo haberla experimentado nunca, porque estamos rodeados de maestros nerviosos o dictadores con armas de gran poder, o conductores de auto con sueños de asesinos o jefes que se desquitan, o empleados que se resienten o frustrados que se vengan o misiles que están escondidos en alguna parte, o guerras santas que son diabólicas, o padres castradores, o hijos desamorados, o trabajos que se acaban, o trabajos que empiezan, o tantas, pero tantas otras cosas que ustedes conocen igual que yo. Por eso; ¿ustedes saben qué es la paz, realmente? Una definición militar y simplista diría que "la ausencia de guerra". Aceptémosla. ¿Dejamos de vivir en guerra con algo o con alguien en algún minuto de algún bendito día de nuestras vidas? No, no sabemos ni siquiera qué es la paz. ¿Cómo querer ahora, en un librito, explicar qué es Dios, por ejemplo?

–¿Vos; qué creés que era esa luz tan hermosa? –me preguntó durante nuestra charla la psicóloga Silvia Moscoloni.

–Dios –le dije enseguida–. Para mí era Dios. O tal vez –me achiqué, recuerdo, ya que después de todo ¿quién era yo para verlo a Dios y volver a contarlo?–, o tal vez, en una de esas, una especie de acercamiento a Dios. Lo que pasa es que a mí me apuntala demasiado la Fe. Yo quiero tratar de ser más objetivo, de no mezclar los tantos, de hacerme el cientificista, y por eso necesito que me pongan en lo real con argumentos. Necesito a gente como vos.

–¿Vos sentiste un acercamiento a Dios?

–Sí. Total y absoluto.

–Y bueno.

Otra vez tuvo razón. ¿Qué estaba buscando yo? ¿Que ella me dijera que estaba loco, que nadie puede ver a Dios y contarlo? ¿O que me dijera que, en efecto, a ella le constaba que yo había visto a Dios ya que la ciencia estaba de mi lado? Ninguna de las dos, claro está. Lo que importaba era lo que había sentido. ¿Sentí la cercanía de Dios?

–Y bueno.

Quisiera que se me entienda claramente algo, que tal vez provoque una sensación de cubito de hielo sobre la columna vertebral a más de un fanático de cualquier religión: ese Ser Superior al que yo sentí tan cercano es, para mí, Dios, porque de esa generalizada y bella manera se lo llama en el catolicismo; pero otra sensación notoria en mi Gran Experiencia, es que el que vi y viví es Único, y estoy seguro de que es el mismo al que también llaman Jehová, Alá o como deseen hacerlo.

La Luz seguía allí, tal vez jugueteando conmigo y dejando que yo gozara con eso.

De repente, desde las tinieblas que la rodeaban, aparecían rostros desdibujados –sólo rostros, sin cuerpo– y sin posibilidad de mi parte de poder reconocer a alguno. Eran rostros alargados y en sombras. Con rasgos que parecían hechos en plastilina. Pero no aterradores ni cosa parecida. Pasaban rápido y flotando por los costados, pero es posible que no los viera bien porque yo seguía subyugado por la Luz, de la que no quería despegarme. Lo que sí fue nítido fue el sonido. Los sonidos, en realidad. Hablaban todos juntos y parecían muchos. Yo no alcanzaba a entender más que cosas sueltas en medio de aquella catarata de voces y tonos diferentes que tenían algo en común: su manera de hablarme era afectuosa, muy cariñosa, cálida. Y aunque no comprendía lo que decían, porque se encimaban como las voces de la platea de un cine o de un teatro antes de empezar la función, sí comprendía con absoluta claridad –más bien diría que sentía con total certeza– que eran voces de bienvenida. Una bienvenida sorprendida, colosalmente cariñosa, pero con tonos de asombro. Como cuando aparece en casa, sin avisar, un viejo amigo al que mucho queremos y nos produce placer su llegada sin que sepamos muy bien cómo hacer para que sienta ese placer y sin saber nosotros mismos cómo hacer para borrar el acento de lo inesperado, no sea cosa que se sienta mal recibido.

Lo realmente curioso es que, en medio de ese amontonarse de voces, sobresaliendo de ese zumbido de un idioma ininteligible pero suave a pesar de todos, se filtraban con claridad algunas palabras como "¡Viniste, Gallego!" (que es como me llaman mis amigos más cercanos); algún otro "Víctor" o "Vittorio" (otro apodo cariñoso) y –absolutamente desconcertante– un "Hola, Tito", de una calidez que mezclada con la paz que ya venía sintiendo hacía de aquello lo que debe ser el Paraíso o algo parecido.

Digo que aquel "Hola, Tito" fue absolutamente desconcertante porque salvo mi madre, que mantiene la costumbre, ya nadie me llama con ese sobrenombre, que desapareció de mi vida cuando yo tendría unos once o doce años. ¿Quién me llamaba "Tito" allí? No lo sé. Ni siquiera puedo imaginar que haya sido mi abuela, mi abuelo, mi padre, mis tíos. Porque las voces no tenían sonido masculino o femenino. Eran tonos desprendidos del murmullo general que parecía decir lo mismo, pero eran voces sin sexo, eran sonidos que se entendían más que voces.

¿Quién me llamó "Gallego"? ¿Adónde me estaban dando la bienvenida aunque los sorprendía que apareciera sin avisar, así, de golpe? Pero todos estaban con la Luz. Bien, rodeándola. Se los sentía felices, gratos, serenos. Ahí acabo de encontrar otra palabra: todo era sereno. No había apuro porque no había tiempos. No había miedos porque no había a qué. No había dudas, porque en la Luz estaban todas las respuestas.

Yo tenía la sensación de que en realidad siempre había

pertenecido a todo eso. De que, si me extendía (supongo que mental o espiritualmente, porque mi cuerpo seguía allí abajo), iba a poder abarcar todo el Universo, y que era muy sencillo comprender lo que hasta entonces parecía insondable, y que allí comenzaba Todo. Jamás –repito: JAMÁS– tuve la sensación de que eso era el final de algo. Por el contrario, era inmensamente fuerte e indiscutible para mí entonces (y ahora) el sentimiento de que precisamente ese era el Principio. Y un principio bello, pleno. No tenía ni la menor idea de quién era yo y –lo más asombroso– no tenía para mí la menor importancia saber quién era. La Luz me transmitía lo mismo: sonreía conmigo, como yo sentí, sin que aparentemente le importara un relato de mi vida. La Luz –esa era la sensación– lo sabía TODO. ¿Qué podía contarle yo de nuevo? ¿Con qué asombrarla? ¿Cómo justificarme por alguna cosa? Al cuete, como dirían en el campo.

Alguien, luego, me había preguntado desde mi punto de vista, cuando quiso saber si yo quería acercarme a la Luz. En la misma charla otro preguntó –puede decirse– desde el punto de vista de la Luz:

–¿No sentías que te pedía cuentas de algo? ¿Esperaba tu descargo?

–No. Al contrario. Desde que esto comenzó leí algunos viejos testimonios en los cuales sí había pedido de cuentas o algo así... Aquí yo sentía la certeza indiscutible de que no estaba allí para juzgarme.

La Luz no estaba allí para juzgarme. Lo sentía profundamente. Tengo miedo ahora de pasarme de soberbio, pero como no soy el único que pasó por esa sensación, puedo definirla tal como creo que fue: daba toda la impresión de que la Luz estaba contenta de verme.

Dios mío, acabo de releer lo que escribí y no estoy muy seguro de dejarlo así. Suena a "elegido", o algo por el estilo. Pero no era eso. Lo dejo. Lo dejo como lo escribí. Estas últimas páginas salieron como un borbotón y creo que la única forma de mantener la frescura y la sinceridad del relato es no tocarlas. Sonará soberbio pero es lo que sentí, viejo. Y, después de todo, me hace terriblemente feliz imaginar que a la Luz le gustaba que yo estuviera allí ¿por qué negarlo?

Así lo estaba sintiendo cuando algo me tironeó.

¿Qué cosa me estaban tironeando, si mi pobre cuerpo saltaba grotescamente sacudido por la electricidad? Pero me estaban tironeando y la sensación era muy clara. Me querían sacar de allí. Yo no quería irme. Hacía fuerza (¿fuerza con qué hace el alma?) para quedarme. Estaba muy feliz, en paz, pleno, ya lo dije. Ni por un momento pensé en todos los motivos enormes que tenía para volver. Simplemente porque mientras estuve frente a la Luz se borró todo lo anterior: no sólo yo no sabía quién era, sino que ignoraba de dónde venía y me interesaba muy poco enterarme.

Luché por quedarme, pero de repente la Luz se diluyó. Esta vez lentamente, de a poquito, en *fade out* como diríamos en cine o en TV. Las voces callaron antes, de golpe.

Otra vez todo se hizo noche. Cerrada, impenetrable.

Sin embargo unas lucecitas mortecinas empezaban a aparecer pero éstas, que eran mínimas, me molestaban un poco, lastimaban mis ojos que se abrían para ver en círculo a mi alrededor unas cuantas caras con gorros y barbijos que cubrían la boca y la nariz. Y otras voces. Cada vez más claras. Al principio (ahora sonrío solo, en ese momento juro que no, porque la sensación no es de las más lindas) me pregunté como en las viejas historietas pero sin decirlo "¿quién soy? ¿dónde estoy?" –y no es chiste, es tal cual–, hasta que fui recobrando la conciencia poco a poco. Sentía el cuerpo dolorido, pero era mucho más grande el dolor de haber sido sacado de Allí, donde estaba. Me dolía el alma. Y eso que aún no sabía que había pasado. Estaba aturdido, abombado. Desorientado como almirante en Bolivia. Y el doctor Wisner insistía desde un lugar profundo pero del más acá, en repetir su lógica mentira:

–Ya está, ya pasó. Te mareaste. Ya está. Te mareaste un poco, nada más.

Los defibriladores o resucitadores estaban ya fuera de mi vista. Nunca los vi, en realidad. Las marcas que el choque eléctrico me había producido en el pecho, estaban pundonorosa y prudentemente tapadas con una sabanita de quirófano. El electrocardiógrafo tranquilizaba a todos los que allí estaban –menos a mí, que estaba en bolas en todos los sentidos posibles de la frase–, ya que los latidos se habían normalizado. Los que habían llegado de otros lugares, alertados, se movían como si estuvieran haciendo algo y disimulaban como ladrón en misa.

Todo volvía a la normalidad porque para eso estábamos en el Güemes, donde cualquiera puede morir del corazón, pero hay que esforzarse un poco más para lograrlo. Palabra. Se los digo yo, que al día siguiente tuve un infarto –afortunadamente estando allí– y los médicos juraron que mandarían mi caso al *Guiness* porque, en la Unidad Coronaria, el dolor (digamos que un puñal que remueven en el pecho sin un segundo de respiro siquiera) se mantuvo a pie firme durante treinta y tres horas. Habitualmente un dolor así no dura más de cinco horas y nadie puede asegurar que el corazón no decida detenerse para siempre a esa altura, porque ya no soporta por más morfina endovenosa que le gotee a uno sin parar. Pero la gente del Güemes parecía empeñada en salvarme, y la Luz decidida a no aceptarme todavía, quizás para que pudiera escribir este libro.

Lo más grave y peligroso para el futuro es, por supuesto, el infarto. Pero ¿a quién puede interesarle ese tipo de problemas cuando mi Gran Experiencia del día anterior hablaba del fin de todos los problemas? Ni siquiera a mí, que soy el afectado.

Salí de la Gran Experiencia con más Amor que nunca. Sobre todo a la Vida, a la que le encontré nuevos ángulos.

Astor Piazzolla, el genio, tuvo un infarto en 1973 que por supuesto nada tuvo que ver con su problema cerebral de 1990. Poco después, en una charla informal, le dijo a su amigo y colega Eduardo Lagos:

"Todo el mundo tendría que tener su infartito... Te ayuda a elegir tu vida y a seleccionar a tus amigos..."

Rigurosamente cierto.

Yo diría que todo el mundo tendría que tener su Gran Experiencia. No sólo ayuda a comprender mejor a la muerte o sus umbrales. Ayuda a comprender mejor a la Vida, a amarla más, a respetarla, a rendirle el honor que merece. Al finalizar el relato, en aquella charla semanas después, alguien me preguntó:

–¿Te gustaría volver a vivir la experiencia?

Tuve que pensarlo un poco. No mucho pero un poco. La pregunta me sonaba como impertinente, sin saber por qué. Si se la hubieran hecho a otro en mi situación hubiera pensado que era inteligente. Pero como me la hacían a mí me sonó impertinente. De todas formas, no tenía la menor duda cuando le contesté.

–Volví a la Vida con más ganas que nunca. Quisiera ver crecer a mi hija, envejecer junto a mi mujer, vivir cosas que me perdí hasta hoy... No... No me gustaría volver a vivir la experiencia. No ahora. Porque sé que hay una sola manera...

Yo viví mi Gran Experiencia. Pero no vi en ella a ningún muerto querido, no me sentí elevar hasta el techo para observar la escena de mi propia muerte desde allí, no mantuve conversación alguna con nadie. La investigación posterior que realicé me permitió encontrarme con casos –siempre con nombre y apellido– que llegaron más allá todavía de lo que yo llegué.

Este ha sido solo el principio del asombro.

Tal vez lo que sigue sea el final del miedo para muchos.

DOCE

LA CIENCIA Y LO EXTRAORDINARIO

La hora de la separación ha llegado
y cada cual tiene que seguir su
camino: yo a morir, vosotros a vivir.
Cuál es el mejor, sólo Dios lo sabe.
SÓCRATES

–DOCTOR... ¿USTED LE TIENE MIEDO A LA MUERTE?
–No... Más que miedo a la muerte le tengo miedo a la
forma de morir.
RAÚL MATERA es alguien muy especial. Está considerado
desde hace años como uno de los mejores neurocirujanos
del mundo lo cual, de por sí, hace obvio cualquier intento de
ensayar aquí un curriculum de semejante profesional. Es
uno de los grandes, sencillamente. Actualmente es la
máxima autoridad del país en Ciencia y Tecnología, con
nivel de secretario de Estado y rompiendo una norma de
toda su vida, ya que nunca había aceptado cargos públicos
y fueron muchos los que le ofrecieron. En el mundo del
cerebro humano –laberíntico no sólo por su aspecto–, pocos
son los que puedan conocer el lenguaje que allí se maneja
tal y como el doctor Raúl Matera. Sigue manteniendo ese
notable parecido con Juan Perón, de quien fuera uno de sus
discípulos políticos predilectos. Sigue seduciendo reuniones
con su sonrisa acogedora, y sigue exhibiendo una elegancia
en el vestir –y en cada gesto– que han sido siempre su firma
y sello. En política es decidido, moderado, cauteloso y
sincero. Igual que en esta entrevista.
–No... Más que miedo a la muerte le tengo miedo a la
forma de morir. Personalmente pido a Dios siempre que mi

179

muerte sea una muerte brusca, inmediata. Un paro cardiorrespiratorio. Porque no quiero ser protagonista de mi propia destrucción. Supongo que eso hace a mi forma de vivir, que ha sido siempre de una manera activa tanto en la fase médica donde di y sigo dando lo mejor de mi vida –y donde mejor me siento– como en la política. Pero, ya le digo, miedo a la muerte no.

–¿Cómo imagina usted a la muerte, doctor?

–Mire, yo soy creyente y como soy creyente creo que existe una vida después de la muerte.

Raúl Matera es, en efecto, un hombre de Fe. Pero ocurre que su inteligencia no le permite quedarse en eso y aceptar sin investigar, sin tratar de llegar un poco más allá, sin hurgar en las sombras.

–Estos hechos que usted está registrando los he registrado yo en mis enfermos, porque la patología nuestra hace que tengamos pacientes en comas prolongados y profundos. Tuve, en efecto, pacientes que después de haber permanecido en un coma tres, que ya es un estado comatoso avanzado, han logrado retomar su curso y han relatado historias que dicen haber sentido durante el coma...

–¿Qué le contaron que pudiera ser común a varios de ellos?

–Expresan diversas sensaciones. Entre ellas es muy común la de sentir que el cuerpo de ellos queda en la cama pero que ellos se desprenden de ese cuerpo. Cuentan que lo ven, y ven a los que lo asisten alrededor. Luego cuentan que entran a algo como el túnel del tiempo, oscuro por completo, pero en el fondo del cual se encuentra una imagen luminosa que no definen con claridad: algunos lo ven como una persona y otros sienten que es un dios, pero en cualquiera de los casos hay coincidencia en que esa imagen luminosa les da una enorme paz y tranquilidad. Ese mismo elemento etéreo que ahora son ellos, se enfrenta con los familiares más queridos muertos. Algunos sostienen que allí su sensación fue la de una especie de tribunal que lo enjuicia y les dice si tienen que quedarse o si se tiene que ir. Esos son los rasgos muy detallados que cuentan ciertos pacientes. Unos con más detalles que otros. Yo recuerdo mucho a un muchachito joven que tuvo un accidente grave en moto y que es uno de los casos más completos de acuerdo a los estudios internacionales sobre el tema, ya que ha sido requerido en más de una ocasión para relatar lo suyo en publicaciones extranjeras médicas que analizaron la vida después de la muerte.

GUILLERMO VILLEGAS es el nombre y apellido de aquel "muchachito" con el cual, por fortuna, pude hablar bastante después, ya que el doctor Matera no me había dado ningún dato, seguramente por discreción. Y Matera estaba en lo cierto: su testimonio es absolutamente extraordinario y es razonable que haya sido requerido por publicaciones del extranjero. Ustedes mismos podrán comprobarlo luego, ya que ocupa en este libro un lugar especial, con su textual relato de lo vivido (¿Vivido?).

Lo del doctor Matera seguía siendo apasionante. Volvamos a él, sin sospechar siquiera que su relato tuviera algo de fantasía ya que es éste un lujo que un neurocirujano (y alguien como Matera) no puede darse.

–Estos hechos son realmente muy interesantes para estudiarlos. Y se puede hacer, también, una interpretación desde el punto de vista neurofisiológico o neurofisiopatológico. Hace unos años hicimos una reunión muy interesante, una especie de seminario de estudios sobre la vida después de la muerte, en la Universidad de Belgrano. Participamos muchos profesionales de distintas especialidades, sobre todo aquellas que hacen que debamos enfrentar a la muerte y pelearle duro... Había cardiocirujanos muy importantes como es el caso del doctor Liotta (*Domingo. En efecto un muy importante profesional*). Había cardiólogos, jefas de enfermería de cardiología, tres pacientes que habían tenido este fenómeno, religiosos de diferentes creencias. Estaba el escritor Ernesto Sabato y algunas otras personalidades...

–Perdón, doctor, ¿eso ocurrió aquí, en Argentina? ¿Una especie de congreso para analizar la vida después de la muerte y con gente como la que usted menciona?

–Congreso no. Fue un seminario. Y sí, fue acá, en la Universidad de Belgrano. Con esa gente y otros que ahora no recuerdo porque esto pasó hará siete u ocho años. Lo que se hizo fue analizar este fenómeno curiosísimo que le ha pasado a usted hace tan poco.

–En los Estados Unidos hay institutos especializados en el tema desde hace ya más de una década, pero le confieso, doctor, que me sorprende enterarme que aquí se realizó un seminario de ese nivel. Me sorprende y me gusta.

–Bueno, me alegro. Ya que fui yo quien propuso la convocatoria.

–Felicitaciones. ¿Y cuál fue después de aquello su interpretación científica de este fenómeno, como usted lo llama?

–Mi interpretación del fenómeno desde el punto de vista científico... Yo imaginaba que en ese momento se debe producir algo en el cerebro. En una situación como las que hablamos el cerebro sufre, le falta oxígeno, puede producirse un edema; en casos de traumatismo de cráneo pueden ser contusiones, hemorragias, en casos de tumores cerebrales se forman edemas. En fin, hay siempre una modificación que es anatomofisiopatológica del cerebro. Y a mí se me ocurre pensar en la liberación, en estas circunstancias, de sustancias llamadas "neurotransmisores", que tengan cierto parecido mediante su acción al ácido lisérgico o al extracto de peyote, que es la sustancia que toman los indígenas mexicanos y que les producen alucinaciones visuales, de gran colorido, de llamaradas. Tal vez sea algo así.

–¿Es decir que el cerebro liberaría una determinada sustancia como un mecanismo de auto-defensa ante la posible muerte?

–No sé si un mecanismo de defensa. Eso ya sería más propio de la siquiatría. Yo pienso que, de ser así, puede ser liberada esa sustancia por una razón anatomofisiopatológica; es decir, el cerebro se siente atacado en sus células y reacciona de esa forma. Eso se me ocurre a mí ¿eh? No hay pruebas sobre esto sino que es tan sólo una teoría o, mejor, una hipótesis.

–Doctor, si esa hipótesis la diéramos por algo concreto y

aceptado ¿cómo se explica que a todos los que pasaron por la experiencia les ha dado el mismo tipo de alucinación? La luz maravillosa, la sensación de paz, no querer volver.

–Es curioso. Eso sí, es verdad. La similitud de la crisis. La esquizofrenia es siempre el resultado final del ácido lisérgico y quienes la sufran a ese grado tendrán un delirio crónico y sistematizado. Claro que no digo que sean delirios similares, deben ser distintos tipos de delirios o de alucinaciones como tienen los esquizofrénicos... Es cierto lo que usted dice: a mí me resulta muy difícil explicar por qué son bastante similares en los distintos casos las narraciones del fenómeno que usted y tantos otros han experimentado. Más aún: observo que con distintas patologías (paros cardíacos, accidentes, comas, lo que fuera) sienten el mismo fenómeno, sus sensaciones son curiosamente muy similares. Si bien la hipótesis de la liberación de una sustancia de ese tipo es posible, no está ni mucho menos comprobada científicamente. No hay forma de hacerlo, por ahora. Entonces nos queda solamente –a los creyentes– pensar que se trata de un hecho realmente trascendente en la vida del ser humano tener un fenómeno como éste, tan parecido en algunos pacientes, y entonces creer que evidentemente existe el Más Allá. Es decir la vida después de la muerte.

Al escuchar una vez más la grabación de esta charla con el doctor Raúl Matera y, más aún, al escribir las palabras sobre el papel que es donde para mí alcanzan una dimensión definitiva porque se transforman en casi eternas, confieso que recién entonces advertí que el testimonio es mucho más importante aún de lo que yo mismo imaginaba. Sabía que lo era, lo había escuchado frente a mí y repetí la grabación varias veces. Pero creció. Se trata de Raúl Matera. Siempre ocurre que los grandes son los que avanzan primero. No es casual que haya sido Matera el que convocara al seminario en la Universidad de Belgrano. Los grandes no se achican y por eso son grandes. Matera sopesó en la charla la posibilidad de un motivo explicable desde la óptica científica, pero admitió que es sólo una hipótesis. Luego reconoció que no se puede explicar la coincidencia de sensaciones de los que pasan por la Gran Experiencia y finalmente admitió a la Fe como única respuesta posible hasta ahora. Pero seguirá investigando, no tengan dudas.

"Yo me acuerdo siempre de un muchachito joven que tuvo un accidente grave de moto..." había dicho en un momento dado de la charla el doctor Matera.

—Yo soy el de la moto —me dijo— aunque ya no soy tan muchachito. Tengo 33 años...

—Vaya, me topé con un viejo.

—No, en serio. Te quiero decir que no soy aquél. Tengo tres hijos, por ejemplo. Ya pasaron doce años desde el accidente...

Guillermo Villegas se había enganchado con el programa de Badía y con ese fulano que contaba en cámara una Gran Experiencia. De pronto, en medio del relato, advirtió que lo nombraban. Yo dije algo así como: "...el doctor Matera me habló de un caso que él siempre recuerda por la exactitud con que el paciente relató lo que sintió mientras no daba señales de vida... Era, me dijo Matera, un chico que había tenido un accidente de moto hace más de diez años..."

Guillermo supo en el acto que yo estaba hablando de él. Llamó por teléfono al canal para comunicarse conmigo. Ese día, seguramente por el trajín y la hora, ni siquiera me enteré del llamado. Unos días más tarde, Guillermo había conseguido mi teléfono y me llamó a casa.

—Yo soy el de la moto...

Hoy tiene 33 años, tres hijos y una radio propia, *FM Líder*. Además tiene una vida. Y, por lo que pinta, hermosa, Dios mediante. Se le reconoce enseguida como alguien serio, responsable, ético. Todo eso que hoy tiene no hubiera existido si no hubiera regresado a la vida.

–Me identifiqué tanto con lo que dijiste. Es real, yo sé que es real porque es lo mismo que yo viví. Hace tantos años que pasó. Por entonces te miraban más raro que ahora si salías con este tema. Y yo me acuerdo que profesionales médicos que al principio parecían avalar o al menos aceptar la cosa, de golpe salían diciendo que bueno, que en realidad había sido un sueño. Y yo me sentía muy mal porque sabía perfectamente que no había sido un sueño. Pero no encontraba apoyo en muchos.

Me imagino la desazón del pobre Guille. Pero ocurre que recién habían pasado tres años desde la edición del libro del doctor Moody. Ni siquiera en los Estados Unidos se jugaban abiertamente a defender al tema. Al menos los médicos. Era necesaria una cuota muy grande de valor profesional y del otro para enarbolar unos cuantos papeles y un puñado de cintas de grabación y gritar: "¡Oigan! ¡Somos científicos pero también esto puede algún día ser demostrado científicamente! ¡Ahora al menos tenemos estos testimonios! ¡Escuchemos, comparemos, probemos!"

Hoy, 1990, la cosa cambió mucho. Por lo menos en los Estados Unidos. Como ya dijimos, allí se investiga en forma permanente, y existen archivados millones de casos. Ya nadie mira de costado al tema, muy pocos le rehúyen –tal vez por miedo o ignorancia–, y no existe un hombre de ciencia que se ría con cierto desprecio cuando se menciona la NDE. El tema ha perdido –entre los profesionales especialmente– ese tufillo a casi brujería que tenía al principio para los escépticos.

Pero eso es hoy. ¿Se imaginan hace doce años? Muy pero muy pocos sabían ya por entonces que este tema, y las sensaciones que decimos vivir los que pasamos por la Gran Experiencia, son algo que hasta dejaron documentado los egipcios hace unos cuatro mil ochocientos años como contamos páginas atrás. Siempre ocurre: para poder entender el presente y prepararnos para el futuro, tenemos que pedirle ayuda al pasado. Estudiarlo, repasarlo, descubrirlo y asombrarnos. En 1978 recién comenzaban con eso en los Estados Unidos. Imaginen acá. Por eso: pobre Guille, queriendo que le comprendieran lo incomprensible.

¿Qué médico se iba a jugar con el tema arriesgando pacientes, futuro, risas de colegas, situaciones de espanto para un profesional? Sólo el doctor Melajuego. Pero estaba en el exterior.

Ahora Guillermo Villegas, mi compañero de Viaje, el Guille, puede contar la cosa abiertamente porque sabe que fuimos en la misma dirección. Y haber dejado casi en el olvido y casi en el silencio un testimonio como el de Guillermo hubiera sido una verdadera pena. No por él o por mí, sino por todos aquellos que hoy –ante la muerte propia o la de alguien querido– sientan que este relato los ayuda.

–Todo empezó con un accidente de moto. En Olleros y Libertador. Fue el 21 de agosto de 1978. Yo tenía veinte años. Choqué contra una Citroneta. Por la zona tendría que haber dicho contra un Mercedes Benz por lo menos pero no, fue contra una Citroneta. Voy a parar como a veinte metros porque la moto me despide.

–¿Con qué golpeás primero contra el suelo?
–Con toda la parte izquierda del cuerpo. Tuve quebradura de pierna, fractura expuesta del brazo, también me abrí la cara desde el ojo hasta el cachete izquierdo, me fisuré la base del cráneo.
–Te rompiste todo.
–Sí. En el hospital me decían "La cucaracha". ¿Viste que la pisás y se arma de vuelta? Bueno. Y lo último era la fisura de mano derecha. El asunto es que enseguida del choque me recogieron y me llevaron en primer lugar al hospitalito del Hipódromo de Palermo, para hacerme las primeras curaciones. Después ahí vieron que no relinchaba y me mandaron al Hospital Militar, y de allí al Hospital Naval, que era donde yo pedía ir desde un principio.
–¿Por?
–Mi papá es marino. A la clínica del Hipódromo me llevaron por ser lo más cercano, pero finalmente la ambulancia me dejó en el Naval... Allí me llevaron enseguida a la sala de operaciones. Luego supe que estuve cinco horas en

el quirófano. Me anestesiaron y ya desde allí no sé medir en tiempos todo lo que siguió.

–Comienza la experiencia.

–Sí, eso creo. Yo siento que me elevo hasta uno de los rincones de lo que supongo es el techo del quirófano. Empiezo a ver a los médicos, a las enfermeras, a la gente que trabajaba al lado mío y me veo a mí mismo, ahí acostado. Veo que se ocupan especialmente del brazo y la cara, que tenía todo abierto, había mucha sangre.

–Si tu cuerpo estaba allí y vos lo estabas viendo ¿qué se elevó de vos o qué crees que se elevó?

–Eran como mis ojos. Como si los ojos solos se hubieran elevado y miraban desde ahí arriba como si nada. Yo me sentía bien arriba. Me acuerdo hasta del techo: eran baldosones de vidrio, de esos que dejan pasar la luz...

–¿Intentaste bajar o hacer algo?

–No. Todo estaba ocurriendo, simplemente.

–¿Qué pasó después?

–"Después" fue enseguida. De golpe y porrazo siento como que giro y entro en una sombra oscura. Yo no sabía qué era. Miro a la derecha y veo como si una película a dos mil por hora pasara pero, a pesar de la velocidad, yo no me pierdo una escena. En ese momento no me doy cuenta pero después, analizándolo, veo que son todas cosas de mi propio arrepentimiento, cosas de las que me arrepentía por haberlas hecho. Me acuerdo, por ejemplo, por decirte algo tonto pero que allí estaba y lo vi bien clarito, de un piedrazo que había tirado yo cuando era chico... un piedrazo que había tirado al aire para el lado de la vía y le había caído en la cabeza a un compañero. Cositas de ésas, algunas chiquitas, inofensivas como ésta de la piedra, pero que allí estaban, mis arrepentimientos, todo como en una filmación. Y algo que parece que es bastante poco común es que yo vi todo eso en color. Digo que es bastante poco común porque todos me preguntaban y querían que les confirmara si había visto en colores. Y yo les decía que sí y la mayoría se asombraban.

–Esa filmación, por llamarla de algún modo, ¿vos la veías como si se reflejara en una pantalla?

–No era una pantalla. No por lo menos como las pantallas que conocemos, tipo cine o televisión. Era como si las imágenes flotaran sobre algo que no tenía una forma definida. ¿Te acordás el programa de Olmedo, que tenía al empezar como unas ondas de colores que se movían? Bueno, algo así. Todas las imágenes pasaban a dos mil por esas ondas que no tomaban forma nunca. Y de golpe terminan.

–¿Volvés en vos?

–No, todavía no. Miro hacia la izquierda y veo tres imágenes muy nítidas, muy claras, que me estaban esperando. Detrás de las imágenes salía una luz muy, muy fuerte, pero que no me enceguecía. Ahí creo que era como que presentía a la luz. No, no era exactamente que lo presentía, era una sensación poderosa. Yo sentía una paz total. No me acordaba de nadie. Solamente esa paz total era el sentimiento.

–¿Y las tres imágenes las conocías?

–La primera imagen, a mi izquierda era mi abuelo, la segunda era mi tía y a la tercera imagen no la reconocí.

–¿No la reconociste?

–No. No sabía quién era.

–¿Hacía mucho que habían fallecido tu abuelo y tu tía?

–No. Mi abuelo hacía entonces unos cuatro años. Y mi tía un año más o menos.

–¿Y cómo era la tercera, la que no reconociste?

–Ahora te explico porque ése es un tema que no tiene respuesta... Vuelvo a la escena: las tres imágenes que me dan toda la sensación de esperarme y la luz que me infunde una paz total... Allí es cuando de la luz sale una voz, una voz que no puedo describir y que jamás había escuchado, una voz imponente que me dice sólo dos palabras: "Todavía no"... Enseguida empecé a sentir algo que me tiraba para atrás y me separaba de la luz y de las tres imágenes... Yo hacía fuerza para quedarme porque no quería volver... Mirá que tenía a mi novia, que es mi actual esposa, a mis padres, mi familia, mis amigos. Pero no me acordé de nadie. Yo sólo quería quedarme en esa paz.

–No te sientas culpable. Yo sentí lo mismo y prácticamente todos los que vivieron la experiencia lo sintieron. Nadie quiere volver.

–Pero volví. Me alegro, claro. Pero nunca más sentí miedo a la muerte desde ese momento.

–La tercera cara...

–¿Qué cosa?

–La tercera cara, la tercera imagen que no reconociste. Quedaste en contarme.

–Sí, claro. Eso es lo que menos respuesta tiene de todo lo que te conté. Cuando pude comencé a contarles a algunos lo que había sentido. Y nadie me creía. O me seguían un poco la corriente para no hacerme sentir mal. O me decían eso del sueño, nada que ver. La única que me creyó desde un primer momento fue mi madre. Desde la primera vez que se lo conté. Pero no volvimos a hablar del tema. El tiempo pasó y yo ya estaba repuesto –habían pasado unos seis meses–, cuando una tarde mi madre encuentra un viejo álbum de fotos en la buhardilla y empieza a mirarlo mientras le sacaba el polvo. Era un álbum de fotos antiguo, que yo jamás había visto. Justo aparezco yo por ahí y me pongo a mirar las fotos donde aparecía mi mamá chiquita y esas cosas. Mi mamá pasaba foto por foto y en una de ésas, veo en una de aquellas fotos una *voiturette*, esos autos descapotables de hace un montón de años. Y en ella un señor muy elegante rodeado de chicos, todos muy contentos. Yo agarré la foto y sin la menor duda le dije a mi mamá: "¡Este es el tipo que yo vi Arriba!"

–No te puedo creer.

–Sí, sí. Yo no sabía quién era, no lo había visto nunca, pero estaba segurísimo: "¡Este es el tipo que yo vi Arriba!", le dije a mi mamá. La vieja se quedó helada, me acuerdo la expresión y todo. Dio vuelta la hoja y allí había una foto de cuerpo entero del mismo hombre. Yo estaba más seguro que antes. "¡Es el que vi Arriba! ¿quién es?". Y mamá me dice: "Es mi padre".

–¿Vos no lo habías conocido?

–Ni mucho menos. Había muerto cuando mi mamá era chiquita. Mi abuela volvió a casarse y desde entonces siempre fue Mario, su marido, el abuelo de nosotros. Yo no lo conocía ni por fotos al papá de mi mamá. Casi ni ella misma lo había conocido salvo por algunos recuerdos y las fotos. Y justamente a él fue a quien yo vi Arriba.

–Dios mío.

TRECE

EL MOMENTO DE MORIR

Quiero morir cuando decline el día,
en alta mar y con la cara al cielo,
donde parezca un sueño la agonía
y el alma un ave que remonta vuelo.

MANUEL GUTIÉRREZ NÁJERA

JUAN MANUEL JEREZ es jefe de enfermería de la Unidad Coronaria del Sanatorio Güemes. Robusto, con apariencia tranquila pero sin dudas uno de esos tipos que toman decisiones cuando hay que tomarlas. Y que, como todos los enfermeros, están –puede decirse– más cerca de los pacientes y de la muerte misma que la mayoría de los médicos. Aclaremos: no se trata de que los médicos no le presten suficiente atención a los pacientes. Nada de eso. Los médicos diagnostican, pronostican, atienden, intentan curar, luchan como escarabajos contra leones cuando deben enfrentar la posible muerte de alguien a su cuidado, investigan, planean, asisten a congresos, opinan, recomiendan y pasan de una persona a otra con una asombrosa facilidad porque no tienen más remedio que hacerlo así. No hay tiempo para dedicarle por entero a un paciente. No es que no quieran. No pueden.

Toda la gente de enfermería está afectada, por lo general, a un área limitada. Están todo su turno con el enfermo, hablan con él, escuchan sus permanentes quejas, a menudo lo bañan sin moverlo de la cama o le limpian sus incontinencias, ante las cuales cualquiera de ustedes –y hasta los médicos– sentirían el estómago revuelto. Y por sobre todo, los enfermeros y enfermeras son –muy a

191

menudo– los que están junto al paciente cuando éste, en medio de la noche, decide morir.

Juan Manuel recordaba cuando yo estaba aún en la Unidad Coronaria, lo que no me impedía preguntar y preguntar y preguntar:

"Como yo trabajé en muchos lugares, incluso en enfermerías militares, vi morir a muchos. Algunos viejos, otros muy jóvenes. Pero te diría que se muere de la misma manera. Por lo general, el que está muriendo tiende a agarrarse de algo. Y uno es ese algo que está al lado. Te agarran la mano fuerte, te aprietan y te piden que no los soltés. Una vez, en un accidente, yo manejaba una camioneta llevando al lado a un chico de unos quince o dieciséis años todo destrozado. No sé ni cómo estaba vivo todavía. Yo manejaba con una mano a todo lo que da para el hospital y con la otra lo agarraba. Mejor dicho, él me agarraba a mí. Me había pedido, así como estaba, que le diera la mano, que no lo soltara porque estaba sintiendo que se iba, que se caía en algún lado. Yo lo agarré, como te digo. Y él me apretó fuerte. Pero no llegó vivo al hospital. La mayoría de los que sienten que están muriendo se dan cuenta."

De alguna manera, la historia de las últimas palabras de algunos personajes famosos no solo confirman lo dicho por Juan Manuel, sino que –además– confirman que la entrada al Más Allá es francamente grata.

Ya hablamos en todas las experiencias de los que volvimos del Otro Lado de la Luz. Esa luz que no supimos siquiera describir de tan maravillosa e imponente que era. Es curioso que las últimas palabras que se registraran de Johann Goethe –el famoso literato– fueran, en 1832 y sin que nadie comprendiera su significado: "Luz... ¡Más luz!... ¡Más luz!"

Luego moriría. Los que asistieron a su final no entendieron el porqué de aquellas últimas palabras. No podía referirse Goethe a la iluminación de la habitación donde estaba expirando, ya que las ventanas estaban abiertas y entraba el sol. ¿A qué luz se refería con ese tono de admiración? ¿No nos suena conocido a esta altura de este librito?

Edgar Allan Poe, el famosísimo escritor de historias fantásticas, de cuentos de terror magistralmente armados, de relatos que a menudo incluían al Más Allá, murió muy joven. Tan sólo tenía cuarenta años. Rodeado por su gente, en su cuarto, en su cama, se aflojó notablemente en el momento de morir y con una sensación de alivio pronunció las que se registrarían como sus últimas palabras: "Señor... ayuda a mi pobre alma".

Esto ocurrió en 1849. Algo más cerca en el tiempo, en 1876, fue algo realmente curioso el momento de morir del Almirante Manuel Blanco Encalada, uno de los últimos héroes vivos que por entonces quedaban de la lucha por la independencia argentina. Blanco Encalada, que falleció a los 86 años, sonrió casi imperceptiblemente en el instante final. Cerró sus párpados porque seguramente ya estaba mirando alguna otra cosa con algunos otros ojos y pronunció –casi como si estuviera respondiéndole a alguien– una última palabra, dicha con tono leve, de cierto gozo, íntimo: "Vamos."

¿Vamos? ¿A qué respondía? ¿A quién respondía? ¿Vamos adónde? ¿Por qué ese tono de paz, esa semisonrisa, ese placer? Coincide todo, también, con lo expresado por múltiples testimonios de la Gran Experiencia.

Otro grande, Thomas Carlyle, el más importante historiador escocés que muriera en el 1881, también cerró los ojos y con un tono casi casual, para nada desesperado, dijo muy claramente: "Así que esto es la muerte..."

E inmediatamente moriría. Sin tensiones ni penas. Ni siquiera con una suerte de resignación. Nada de eso. Con un clima y un tono de recibir aquello hasta con cierta alegría.

En el 1506 moría el descubridor de América, Cristóbal Colón. Sus últimas palabras fueron serenas y piadosas. Nada de crispaciones tampoco. Colón sólo dijo suavemente: "Señor... En tus manos encomiendo mi espíritu."

Un segundo después había muerto. En paz. Y, como último testimonio dado por las últimas palabras de algunos famosos personajes de la historia, valga uno de los más claros. El de –nada menos– que uno de los mayores genios e ingenios creativos de la historia de la humanidad: Thomas Alva Edison. Mucho más cercano en el tiempo, en 1931, Edison, al que su médico de cabecera ya estaba dando por muerto y sus parientes llorando, alcanzó a decir con total claridad la última frase de su fructífera vida. Una frase que no admite discusión y ni siquiera análisis, ya que en ella sola está todo dicho. Edison más que decir afirmó antes de dar su último suspiro, con los ojos entrecerrados y con un gesto grato en su rostro: "Es hermoso el Más Allá".

¿Hace falta algo más? Vayamos a lo cotidiano y contemporáneo. Mi amigo Ernesto Jarkowiec, ejecutivo de una muy importante agencia de publicidad argentina, al enterarse de lo mío y de la Gran Experiencia, me confesó que su mamá –ya mayor– había muerto hacía tan solo cinco meses, y que todos lo habían aceptado resignadamente no sólo por la fe sino por la avanzada edad de ella. Pero lo que no habían podido entender era esa indudable sonrisa que se marcó en su rostro unos instantes previos a la muerte. Sonrisa que se mantuvo así aún después de morir. ¿Ella estaba viendo y sintiendo lo que yo vi y sentí en mi "pequeña muerte"? ¿Lo mismo que vieron y sintieron millones que pudieron volver para contar qué pasaba en las puertas de Lo Que Sigue?

Uno de los relatos que cuenta el doctor Moody es especialmente extraño y casi gracioso. Dice literalmente repitiendo lo que le cuenta una mujer:

–Estuve con mi tía mayor durante su última enfermedad, que fue muy prolongada. Ayudé a cuidarla y todo el tiempo los miembros de la familia rezábamos para que recuperase la salud. Dejó de respirar varias veces, pero siempre se recuperaba. Finalmente, un día me miró y me dijo: Joan, he estado allí, en el más allá, y es hermoso. Quiero quedarme pero no puedo hacerlo si sigues rezando para que permanezca a tu lado. Tus

oraciones me están sosteniendo aquí. Por favor, no reces más. Todos dejamos de hacerlo y, al poco tiempo, ella murió.

Este es un testimonio confiado a un médico en los Estados Unidos. Algo casi frío si no fuera por lo que significa. No es un cura ni un rabino. Es un médico y filósofo. Un científico.

Cuando yo pasé por lo mío: la Gran Experiencia, el infarto y las treinta y tres horas de dolor y de no saber si me iba o me quedaba, no tengo dudas de que la oración de los demás me mantuvo o me ayudó. No voy a ponerme pesado con este asunto, pero necesito dejarlo impreso. No sólo en el colegio de mi hija Rocío –el Buen Ayre– sino en tres colegios más de la Capital (al menos que yo sepa), me contaron luego que habían rezado por mí. Y mucha, pero mucha gente, sabedores de mi fe, cuando me llamaban me contaban que habían estado orando por mi salud. No se trata de mojigaterías de vieja ni de "chupacirios", como gustan decir los que no creen. Se trata de gente que pone lo mejor de sí misma para ayudar, para empujar, para meterle para adelante. Los que miran a la fe de reojo y ahora leen estas palabras con cierta cara de desprecio; ¿qué hicieron? Los otros, los míos, oraron. Hicieron algo. Pusieron el hombro de la fe, al que no hay con que darle. Y ojo: hablo de cualquier religión. No es esto una apología de la mía. "Vote a Cristo en las próximas elecciones"; ¿qué estamos diciendo? La fe es la mamá de todas las religiones. Yo tengo la mía, mi religión, pero amo a la mamá porque las abarca a todas que, a la larga y aunque se les ericen los pelos a los fanas, son una misma cosa.

Es una cuestión de fe que no podré olvidar ni agradecer nunca el hecho de que 98 personas se hayan filtrado en mi internación, cuando yo tenía las visitas prohibidas. Lo es el encontrar en casa, después de 13 días de sanatorio, una lista prolijamente pasada día a día en la que sumé 483 hombres y mujeres amigos, que llamaron para ver cómo estaba y qué necesitaba mi familia. Cuatrocientos ochenta y tres, no sé si soy claro. ¿Cómo puedo devolverle eso a la vida y a mi casi muerte?

O al doctor en Economía Jorge Rago (compañero de colegio desde el jardín hasta 3º año, en que nos echaron a los dos, y con quien me reencontré solo dos meses antes de mi Gran Experiencia, después de casi treinta años sin vernos), quien quería mandarme enseguida a la Clínica "Mount Sinaí" en los Estados Unidos para que me hicieran lo que fuera necesario. Loco querido.

O a Jorge Cupeiro –sí, el famoso, el ganador no sólo en las carreras de autos sino en la vida– que, sin siquiera conocerse con Rago, lo primero que dijo al enterarse de lo mío fue que él se ocupaba de lo necesario para que al día siguiente un avión me llevara a Houston y allí arreglaran todo. Gallego amado ¿cómo devolverte eso, una locura, pero una locura que sé que se concretaba si no te paraban?

O a Juan Carlos Pérez Loizeau, que se asustó en serio hasta el punto de visitarme nueve.días de los trece que estuve internado. El muy bobo creyó que esta vez me iba de verdad, y se le cayó la careta de frío y de indiferente con la que cubre su calidez. El inglés de apariencia demostró que es un gallego hecho y derecho. Qué alegría. Es mi amigo.

O a Aschira, la dulce andaluza horoscopera de la "tele", que me traía, a diario casi, esas facturas alemanas y esos augurios todo cariño.

O al juez Alberto Daniel Piotti, "el Tano" para los que mucho lo queremos y estamos orgullosos de que alguien como él administre justicia en la Argentina. El "Tano" que tiene chiquicientas causas de las más gordas y, sin embargo, se hizo tiempo para llegarse al Güemes con su aspecto juvenil y con su palabra de aliento.

O a Alberto, del restaurante que queda a tres cuadras de casa y donde comemos con la familia de vez en cuando, que hizo lo mismo y vino.

O a Fernando Bravo, que me apretaba la mano y me decía cosas que no me dijo en veinte años.

O a Lucho Avilés, que aparecía como si nada estuviera pasando, pero que en el pasillo –yo lo sé– cambiaba la cara.

O a Tita Merello que llamaba a casa y ni siquiera se atrevía a llamar al sanatorio. Y que rezaba y rezaba y rezaba. Y que la amo y la amo y la amo, y ella nunca sabrá cuánto la amo.

O, muy especialmente, a tres mujeres. Las mías. Mi mamá, que se las bancó sin drama en apariencia porque sabe que detesto la tragedia griega. Y ella fue a ver a su único hijo en unas condiciones de único habitante del planeta Espantus, disimulando su terror. Gracias. La segunda de mis mujeres, la mía, Rosita. Que, como siempre, le puso el pecho a las balas y manejó la casa, la nena, la vida y a mí con esa fuerza y solidez que sólo tienen los que no parecen ni tan fuertes ni tan sólidos. Hasta que se los requiere. Ese es su caso. La amo. Y la tercera de mis mujeres: mi hija. Rocío tiene doce años, un corazón de siete y un cerebro de treinta. Yo no quería que viniera. Me negaba a que el recuerdo de su padre (yo aún no sabía si era el último de los recuerdos) fuera verlo en una cama de sanatorio con aparatos que pitaban rítmicamente, gracias a Dios, y con cables que conectaban a esa cosa, su padre, con botellones de suero y todo eso. Pero fue inevitable que viniera cuando yo estaba mejor, sin cables ni tubitos. La que me venía a ver era una mujer de doce años. La que –luego me enteré– deambulaba por la casa o caminaba el barrio o asistía mecánicamente al colegio era una niña, una chiquita desamparada que parecía haber perdido algún pedazo importante de su vida en algún lado. ¿Podré vivir lo suficiente para agradecerle tanto heroísmo cotidiano, tanto valor, tanto amor, tanto coraje, tanto orgullo que por ella siento? Todo esto: mis tres mujeres, mis amigos más queridos, los que no hay espacio para nombrar pero saben que les agradezco, los llamados, las cartas, las oraciones, son un tributo a la fe y al amor. NECESITO, así con mayúsculas, dejarlo impreso aquí. No solo por agradecimiento sino como prueba. Prueba de que lo que la Luz infunde es lo único que en la Tierra puede servir para algo: la Paz y el Amor. Ya lo sé, parezco un *hippie*, pero es que ahora admito que esos viejos exponentes de la cultura de los años 60 tenían razón. La Paz y el Amor –por cursi que suene– son las dos únicas cosas que nos pueden salvar. Parece ser que nos están esperando en el Otro Lado, pero ¿qué nos impide hacer un ensayo general aquí con esos dos sentimientos? No perdemos nada y podemos ganar mucho. Lo juro. Y eso que no me gustan nada los juramentos.

La muerte tiene un lenguaje universal de tal manera que todos la encaramos más o menos igual sin que importe dónde vivimos, cuánto tenemos en nuestra cuenta corriente, o qué teníamos proyectado para mañana.

No exactamente igual, porque en mucho depende de las circunstancias.

Por ejemplo: mientras escribo estas líneas se desarrollan los momentos picos en cuanto al conflicto en el Golfo Pérsico. La idea inicial del líder de Irak –Saddam Hussein– fue llevar todo el problema a un campo muy sensible para el pueblo musulmán en general, la Guerra Santa. Y no por casualidad. La Guerra Santa moviliza de manera impredecible a cualquier musulmán ya que –como quedó dicho, aunque brevemente en el capítulo donde hablamos de las religiones y la muerte– para un seguidor de Alá significa el mejor de los paraísos imaginados el solo hecho de morir en defensa de su Fe. Ante la idea de morir luchando así, un buen mahometano (y todos lo son, de eso no dude) seguramente dirá "ojalá". Y lo dirá literalmente ya que la palabra *ojalá* nos llega del árabe y significa "Alá así lo quiera", "Dios así lo quiera".

Para Hussein llevar el conflicto al terreno de la Guerra Santa ha sido fundamental. Observen que poco después de haberlo expresado en forma pública fueron nada menos que cinco millones de voluntarios de todas las edades los que se sumaron a sus ya muy nutridas y mentalizadas fuerzas bélicas. Estamos, entonces, en que ese musulmán que enfrenta a la muerte es una excepción a la regla general en cuanto a la forma de aceptarla y casi diría buscarla. Estoy escribiendo esto en los últimos días de agosto, cuando el planeta está pendiente de lo que vaya a ocurrir en la "Crisis del Golfo", y las esperanzas son pocas en cuanto a un acuerdo de paz porque ya las Naciones Unidas aceptaron el ataque a Irak (a Hussein, en realidad), y se huele la pólvora en el aire. Ojalá me equivoque, pero en caso de llegar a un enfrentamiento bélico, ustedes tendrán este librito en sus manos sabiendo mucho más de lo que yo sé ahora, y me temo que ese "mucho más" hablará de una cantidad de muertos y de unas formas casi demencialmente heroicas de morir, que no harán más que confirmar esa "dispósición para la muerte" de los religiosos del Islam.

No son los musulmanes los únicos que tienen una actitud diferente ante el postrer suspiro. Algunas tribus indígenas de América mantienen una actitud similar aunque sin el "beneficio" de la lucha: simplemente se entregan a la muerte con mansedumbre y paz porque saben que Allá Adonde Van se encontrarán con Manitú, por ejemplo, o el nombre que le hayan puesto a su dios. Lo que importa es que tienen dios.

Otros personajes muy especiales son los esquimales. Al llegar a una edad determinada, que no está estipulada por el almanaque sino por la capacidad o no de poder seguir trabajando y sirviendo, el esquimal toma algunas de sus pertenencias y él solito –sin siquiera despedirse, por lo general– se aleja de su grupo familiar hasta encontrar la soledad. No es difícil hacerlo en un hábitat como el de ellos. La familia ni siquiera intenta salir en su búsqueda. Sencillamente aceptan. El esquimal que se consideró a sí mismo ya inútil para la vida, se sienta en el lugar que eligió en medio de la más aterradora de las soledades y aferrándose a las cosas queridas que llevó con él, tan sólo espera en paz que la muerte pase a buscarlo.

Estamos hablando de excepciones, pero vayamos a lo general. A lo que nos ocurre a la mayoría de los que habitamos este mundo, orientales y occidentales. Si bien los primeros tienen una cultura mucho más profunda ante la muerte, el progreso (por llamarlo de alguna manera) los ha acercado en muchos casos al tipo de actitud occidental.

No olvidemos a los japoneses de la Segunda Guerra conocidos como los *Kamikaze* (que significa resistencia suicida) y que, luego de atarse una vincha con inscripciones religiosas, lanzaban su avión contra los buques enemigos, mientras daban hasta el último segundo gritos de gran alborozo que eran registrados por la radio de su aparato. Algo muy parecido a los musulmanes y a los guerreros germanos de la antigüedad, y a tantos otros que ligaron la muerte en batalla con un automático pasaporte al Mejor de los Mundos.

La enorme espiritualidad del oriental, por lo general, tiene mucho que ver con esa actitud diferente.

Otro ejemplo de los japoneses es lo que nosotros llamamos *harakiri*, y los orientales denominan más comúnmente como *seppuku*. Es un suicidio, pero no un suicidio cualquiera. Sólo fue encarado por la nobleza o los altos dignatarios. Se trata de tomar un cuchillo al que se le rodeará el mango con un paño impecablemente blanco, y con el cual la autovíctima se hará un corte horizontal y profundo, de izquierda a derecha, en un determinado punto –esto es importante, se calcula que a la altura del ombligo– de su abdomen. Si se sigue el ritual al pie de la letra, acto seguido un padrino de esa ceremonia final (suele ser el mejor amigo del que muere), le asestará el golpe de gracia en la nuca con un sable llamado *catana*. Dos aclaraciones: todo esto que suena tan bárbaro, es hasta bello si se tiene en cuenta que los que elegían el harakiri lo hacían fundamentalmente por la muerte de sus jefes, a los que así pretendían seguir, o por haber cometido un acto en sus vidas al que consideraban deshonroso, y sabían que con la deshonra no se puede seguir viviendo como si nada. Un ejemplo de lo primero es el harakiri al que se sometieron en 1912, después de los funerales del Emperador Mutsu-Hito, su ministro militar, el General Nogi y su esposa. Un ejemplo de lo segundo es la cantidad de personajes de la nobleza nipona que optaron por el harakiri ante la derrota sufrida en 1945, al final de la guerra mundial.

Esa es una aclaración con respecto al *harakiri*. La otra nos atañe aún más ya que se trata de aclarar que el punto elegido para clavar el puñal está en un lugar exacto, debido a que –según se dice– se supone que es allí la residencia del alma, y que con ese corte drástico se le facilita su salida del cuerpo y su rápido viaje al Más Allá.

Historias apasionantes, sin duda, pero volvamos a la nuestra. La reacción más generalizada ante la evidencia de la propia muerte.

¿Qué se supone que –salvo excepciones– hace el ser

humano al enterarse de que una enfermedad, por ejemplo, ya lo condenó a muerte?

Se han establecido cinco pasos que parece ser que suelen cumplirse de manera más metódica que el amanecer.

PRIMER PASO: Uno se entera y la primera reacción es de rechazo total a la idea. "No puede ser", "Los análisis deben ser de otro", "Yo no me siento tan mal". Uno se bloquea mentalmente y niega la realidad.

SEGUNDO: A uno se le confirma que la cosa es así, nomás, y allí surge la segunda reacción consistente en un ataque de ira casi descontrolada y en una absurda búsqueda de culpables por los alrededores. Esto significa: "El médico tendría que haber hecho otra cosa cuando todavía estábamos a tiempo", "Yo a vos te dije un montón de veces que me acompañaras a hacerme los análisis ¿para qué sos mi mujer?", "Esto es por los problemas que me traen todos ustedes". Uno se enojó con el mundo y la adrenalina lo recorre saludable y permanentemente.

TERCERO: Uno pretende llegar a un acuerdo con Dios o con alguien, quien sea. Con Dios: "Señor te juro que si me salvo nunca volveré a ser infiel" o "Prometo que iré a misa todos los días durante 5 años". Con alguien, que suele ser el médico: "Doctor, no me importaría quedar paralítico ¿si me amputan las piernas no podré salvarme y vivir? Yo no soy del tipo deportivo, igual, no se preocupe...". Uno quiere negociar. Como sea, con quien sea, con lo que sea. Negociar.

CUARTO: Uno advierte que no hay nada que hacerle, que ya está todo jugado. Y surge la cuarta reacción: una depresión que por momentos se profundiza, tanto que hasta se transforma en un peligro tan grande como la enfermedad original. Uno se entregó. Ya no se enoja, no busca culpables, no intenta negociar, ni siquiera tiene ganas de hablar o de expresarse como sea. Uno está. Se deja estar metido en un barril llenito de tristeza hasta el tope.

QUINTO: Un último paso que es casi milagroso. La serenidad. Todo lo otro –incluyendo a la depresión– se dejó atrás para que avance esa sensación de serenidad que no hay que confundir con resignación aunque es pariente cercana. La aceptación de lo que va a ocurrir sin que nada pueda hacerse ya para evitarlo, parece que tranquiliza enormemente.

Supongo que es allí cuando nos ponemos un poquito orientales: "si esto tiene solución ¿para qué preocuparse?... Y si no tiene solución ¿para qué preocuparse?"

Típico del ser humano común y corriente: sólo un gran accidente, un grave problema cerebral del que zafamos, un infarto o cualquier otra cosa que nos acerque a la muerte hace que pensemos mejor en la vida. Hay que ser idiota, francamente. Pero nos pasa a todos. A nadie se le ocurre salir de su casa contento todos los días porque advirtió que caminar, ver, oír, tocar, besar, hablar, entender y hasta defecar, son casi milagros que se repiten de manera permanente. No. Uno puteará al destino si un accidente lo deja con una pierna menos, eso sí. Y recién allí recordará lo lindo que era tener dos. Casi un milagro.

El asunto es que los cinco pasos que se asegura científicamente, a través de investigaciones añosas y cientos de encuestas, son los que se experimentan habitualmente ante la proximidad de la muerte:

1) Rechazo
2) Cólera
3) Negociación
4) Depresión
5) Aceptación

Lo que varía es –de acuerdo a cada persona– la duración de cada una de estas estapas. Etapas que no son sólo aplicables a los que saben que van a morir sino también a sus parientes más cercanos, que pueden transitarlas de la misma manera.

Ahora bien. Yo me pregunto por qué ya que parece ineludible (o casi) el paso por esos puntos frente a la muerte; ¿por qué –decía– no llegar ahora en vida al quinto? En la vida nos movemos de un punto a otro de los cuatro previos: rechazamos, nos enojamos, buscamos culpables de cosas, intentamos negociar sentimientos, nos deprimimos. Y repetimos el ciclo sin necesariamente hacerlo por orden. Pero al quinto –la serenidad, la aceptación, la calma, la paz interior aunque sea en pequeñas dosis– no llegamos ni por decreto nacional.

De alguna manera el aceptar la muerte significa también aceptar la vida. Y tratar de comprender que hay un pasito más allá de la misma vida, es no sólo una necesidad sino casi una obligación.

Hay muchas frases que escuché en esta investigación, y que son de una profundidad estremecedora. Pero hay una que leí y que me quedó grabada por algo:

–Al regresar estuve llorando toda una semana por tener que vivir en este mundo después de haber visto el Otro... Yo no quería regresar.

Ninguno de los que vivimos la Gran Experiencia queríamos regresar, es cierto, pero al hacerlo no volvemos despreciando a la vida sino amándola más que nunca. Lo vamos notando cuando el tiempo pasa. Y los motivos sobran. Yo me encontré con los que ya nombré y con Jorge Luján Gutiérrez que corrió al sanatorio olvidando por primera vez un cierre de edición de *Gente*, revista que dirige desde hace casi diez años; con Norberto y Susana Angeletti, él mi amigo y director de *Conocer* y ella una categoría más: sólo amiga; con Mario Gavilán un "duro" de este trabajo al que se le llenaron los ojos de humedad cuando le contaron y se disparó al sanatorio; a Alicia Gorbato; a Julio Lagos; los Musante; Chiche Almozni; Aronín; Renée Sallas; Jeannot Villar; Schiavonne; Selandari; Bosca; Fabrizio; Meiriño, y tantos que gambetearon el cartelito de "Prohibida las visitas", y que venían con un paquetito de amor en las manos. Y si me pongo cursi, qué joder, no hago más que contar la verdad.

Porque –encima– todo esto ocurría no precisamente cuando a mí las cosas me iban de primera, sino cuando hacía seis meses que la tele me tenía en la congeladora, y era una especie de desocupado de lujo.

Eso hacía que valiera más cada visita, cada llamado, cada cara, cada voz.

No vino ni un solo político, por ejemplo, cosa que por otro lado me puso muy feliz porque debe ser peligroso deberles algo (aunque más no sea una visita al sanatorio). Y el hecho de que no viniera ningún político cuando muchos de ellos –no importan los partidos, digamos que todos– se acercaron en estos años más que melosamente para que se los nombre, o para que se les haga un reportaje, es un buen barómetro que marcaba que públicamente yo no andaba de lo mejor por entonces. El único cercano a la política que vino a verme a la Unidad Coronaria fue alguien a quien no podía esperar de manera alguna: Norberto Imbelloni. Nos habíamos visto una sola vez en la vida hacía dieciocho años, en una nota que yo le hice por TV, en uno de aquellos largos programas de la tarde. Después, nunca más. Dieciocho años más tarde estaba internado en el sanatorio porque acusaba algunos problemitas cardíacos y había sido llevado allí desde el penal de Devoto, donde estaba detenido esperando sentencia desde su regreso voluntario de Paraguay. Dieciocho años más tarde de la última vez que nos habíamos visto, apareció en la Unidad Coronaria acompañado de una enfermera y un custodio. Me asombró el armamento que el custodio llevaba en sus manos. Uno de los más eficaces: un rosario. Nunca supe si pertenecía al policía de civil o a Imbelloni, que lo dejó en sus manos para entrar, saludarnos y sentarse esos pocos minutos junto a mi cama. Pero no importa mucho. El hombre andaba armado en serio, por lo visto. Dieciocho años más tarde el único político que me visitó fue al grano:

–Me enteré lo que te había pasado y pedí permiso para venir a verte. Solamente quiero decirte que en los últimos años yo me hice mucho más creyente de lo que era. Y que, desde que me enteré de lo tuyo, estoy rezando por vos, para que salgas bien de ésta. Nada más.

¿Nada más? No era justamente poco. Casi dos décadas sin verlo, habiéndolo hecho en solamente una ocasión durante una nota para la tele, y ahora venía a decirme que rezaba por mí con esa cara esculpida a hachazos y esa voz de caverna.

–Siempre me acuerdo que en aquel reportaje vos me dijiste que si algún día decidía dejar la política que trabajara de locutor, con esta voz tan grave que tengo...
–Oime: ¿vos como estás?
–Yo estoy bien, no te preocupés. Me están haciendo unos análisis aquí y todo eso, después me llevarán al penal de nuevo. Y esperaré. Yo vine solito de Paraguay y me entregué porque yo soy de aquí. Voy a esperar lo que diga la justicia. Pero no vine a hablarte de eso. Vine a decirte que rezo por vos. Y que Dios te bendiga.

Y así nomás, como vino se fue. Con su enfermera cariñosa y su custodio de la Esperanza que, más que un severo policía parecía el Ángel de la Guarda. Lo cual era muy bueno para todos, para él más que para nadie, supongo.

Por eso es que la frase del paciente de Moody la entiendo, pero no la comparto. Eso de estar llorando una semana por no haberse quedado del Otro Lado es comprensible, porque el Otro Lado es –parece ser– algo infinitamente superior a lo mejor que uno imagine. Pero no comparto despreciar la vida, porque está llena de gente. Y eso sólo la hace bella.

Hay Hitlers, Stalins, Jacks los destripadores, Husseins, asesinos, violadores, torturadores, criminales varios, incluyendo a los morales, que son los peores porque roban las esperanzas. Hay todo eso, sí. Pero también hay Madres Teresas, Wojtylas, Gandhis Shweitzers, santos, puros, generosos, altruistas, bondadosos, nobles, y gente que trabaja en reparación de esperanzas maltrechas o recuperación –con garantía de tarde o temprano– de esperanzas robadas.

A los del segundo grupo hay que honrarlos y ayudarlos.

A los del primero hay que intentar redimirlos. Y, si no se logra, darles una buena patada en el culo, y aislarlos, con perdón de la palabra "aislarlos".

La vida es demasiado hermosa como para perder el tiempo con los que pasan por ella sin aprender a amar. Y al que no le guste si me pongo "rosa", que lea otro libro. La vida es a veces negra, es cierto. Pero, viejo, admitan que también –al menos a veces– es rosa.

De todo esto se deduce que los seres humanos, aun con nuestras pesadas cargas cotidianas, somos los enormes privilegiados que recibimos como si tal cosa nada menos que una vida entera –dure lo que dure–, y después otra que es aún mejor (Dios mío si hallara las palabras para describir aquella Paz, aquella Luz, aquellos sentimientos). Y la mejor, como si fuera poco, es eterna.

¿Creen que esto ha terminado aquí?

Otra vez se equivocaron.

CATORCE

MÁS TESTIMONIOS ARGENTINOS

*Ningún hombre puede ignorar que
tiene que morir, ni debe estar seguro
de que ello no pueda ocurrir en
este mismo día*

CICERÓN

Es CONSTRUCTOR. Y tiene, también ahora, una inmobiliaria sobre la Avda. Maipú poco antes de Paraná, en la localidad de Martínez. Es de mediana estatura, fuerte complexión como para desear no tener serios problemas con él, rostro curtido pero muy amable, propenso a la sonrisa. Viste de sport, se sienta del otro lado del escritorio y me dice su nombre y apellido ineludiblemente itálicos: NUNCIO SANFILIPPO.

–¿Cuándo ocurrió lo tuyo?
–Fue un 26 de diciembre del año 81...
–¿Qué edad tenías en ese momento?
–Cuarenta y cinco...
–¿Y cómo fue?
–Bueno... yo estaba un sábado al mediodía acá, sentado, charlando con mi primo... y de repente siento un dolor fuerte en el pecho. Y enseguida, en los dos brazos, otro dolor. Pero como yo en mi vida hasta ese momento ni siquiera había conocido a un médico no me asusté mucho. Sólo le dije a mi primo: "Mirá, me siento mal, andá a buscar a un médico." Fue pero no encontró ninguno, era sábado al mediodía. El dolor

207

seguía y yo me arrastro hasta ese sillón y llamo a mi casa. De allí me vienen a buscar, me meten en un auto y me llevan a la Clínica Santa Ana. Apenas llegamos me desmayé. Me pusieron una de esas pildoritas debajo de la lengua y después máscara de oxígeno. Ahí me reanimaron bastante, pero yo seguía mareado. De repente siento que me llevan en la camilla y que vamos al ascensor, pero nunca llegué arriba. Nunca me di cuenta, por lo menos. Me acuerdo que le digo a mi hijo, mirándome los pies en la camilla: "Che, Nuncio [porque él también se llama Nuncio]: ¿y los zapatos?". Y él me dice: "Dejá ahora los zapatos, no te preocupés, ya los vamos a encontrar." Fue lo último que recuerdo, porque ahí se puso todo negro. Vuelven a despertarme y estoy en un lugar donde es medio borroso todo, pero veo a los médicos alrededor mío. Uno decía que no me llegaba bien la sangre al cerebro, eso lo escuché bien. Me cambian de posición. Hablan entre ellos. Y ahí sí, todo se puso negro pero era distinto que las veces anteriores.

–¿Por qué distinto?

--Apenas todo se puso negro, muy negro, yo vi que de repente me iluminaban dos focos muy potentes. Acá, la luz me daba acá *(se señala los hombros)...* Enseguida me sentí suave, sin ningún tipo de peso, con una suavidad fabulosa, un estado psicológico y un estado físico que era como viajar no sé cómo, en las nubes, como cuando uno va en avión suave pero sin el avión. No se siente ningún peso encima. Algo fantástico, algo que no se puede ni siquiera describir ahora ¿no es cierto? Bueno... de repente siento una voz que no la puedo definir... *(hace una pausa)* Yo ahora lo puedo contar, pero a mí antes se me caían las lágrimas. Ahora sí, porque estoy fortificado. Siento de repente una voz que no puedo describir si era varonil o femenina. Era una voz como que venía del Más Allá y me decía: "Yo sé que querés vivir". Así, textuales palabras. "Y vas a vivir. Pero tenés que perdonar a todos los que te hicieron mal." Esas palabras fueron una cosa que me quedó muy grabada.

–¿Tal cual fue? ¿Exactamente esas palabras?
–Tal cual fue, Dios mío, tal cual. No puedo agregar
más nada porque fue tal cual: "Yo sé que querés vivir.
Y vas a vivir. Pero tenés que perdonar a todos los que
te hicieron mal." Nada más. Y yo seguía con esa cosa
de sentirme en el aire, con esa paz ¡Esa paz!... Es que
no puedo describirla... No puedo decir: mirá, era como
cuando nació la nena, por ejemplo, o cuando me casé
o cuan... No se puede. Yo pienso que no es terrenal.
Es una cosa abstracta, como el misterio de Dios. En
eso estoy seguro. Y hasta ese momento yo había
sentido que me iba, yo me iba..."
–¿Se lo contaste a alguien, Nuncio, al despertar?
–Al principio no podía, porque empezaba a contarlo
y me ponía a llorar, me emocionaba mucho.
–¿A nadie? ¿Ni a la familia, ni al médico?
–No, no, no podía contarla. Después sí. Después les
conté. Pero, para colmo un par de meses después vino
lo de las Malvinas y yo había quedado muy sensible...
Pensaba en la guerra de las Malvinas, me acordaba de
lo mío y me decía "pero ¿cómo puede ser?"
–¿Cambiaron cosas en tu vida?
–Sí, muchas. Hubo un cambio de vida, un cambio
de identificación. En todo sentido, en todos los niveles.
En el trato con la gente, miro más el cielo, miro las
nubes. Cuando yo me desperté estaba en la habitación
de la clínica y me di vuelta despacito la cabeza hacia
el lugar de donde venía luz. Era una ventana, abierta.
Estaba en el primer piso y lo primero que vi al
despertar fue la copa de un árbol, las ramas, las hojas
verdes y atrás ese pedazo de cielo que estaba muy
celeste. Era como otra vida más, como si hubiera
nacido de nuevo.
–¿Viste algo más durante el "viajecito"? ¿Oíste algo
más?
–Oí la voz, como te dije. Y vi esa luz tan poderosa.
Pero lo más impresionante fue la sensación. Esa paz
maravillosa. Yo decía Dios mío, si ésta es la muerte
bienvenida sea.
Esa frase hace que me identifique totalmente con

Nuncio Sanfilipo y, al mismo tiempo, me estremece. Por todo lo que significa. Por la enorme puerta a la esperanza eterna que abre como si nada. Porque estamos hablando nada menos que de la muerte a la que él, yo y todos los que pasamos por la Gran Experiencia ya no tememos como antes.

Lo que ustedes están leyendo –como en todos los casos de testimonios argentinos de este librito–, está copiado textualmente de la correspondiente grabación que aún conservo y sospecho que guardaré para siempre. Aun en casos en los cuales la sintaxis para lo escrito no caiga tan bien desde el punto de vista literario, prefiero dejarlo tal cual para no quitarle ni agregarle absolutamente nada. En el caso de Nuncio Sanfilippo lo único que hice fue obviar el intentar escribir ciertas palabras pronunciadas muy "en italiano", con mucho acento que él aún mantiene, para que no sonara a personaje teatral. Nuncio tiene un gran acento italiano, pero no lo transcribo aquí para no distraer. Este librito no es para el lucimiento de quien lo escribe ni para un regodeo intelectualoso alrededor del manejo del idioma. Es para sentirlo. Siempre pensé que los libros, como los cuadros, como la música, como la vida, son para sentirlos más que para otras cosas. Intelectualizar algo como esto sería una terrible boludez, gillipoyada, pendejada y/o huevonada. (Y doy las cuatro palabras que significan lo mismo para que se entienda en cualquier lugar donde se hable español, ya que si en lugar de una de esas palabras hubiera puesto –por ejemplo– "tontería", todos comprenden que no es lo mismo. Mis disculpas).

–¿En qué te cambió la vida?
–Ya te digo: me identifiqué más. Conmigo mismo. Me encontré conmigo, no sé si se entiende.
–Perfecto.
–Ahora, si puedo escarbar más, escarbo. En mí mismo y en los demás. Antes yo era en muchas cosas como la mayoría de la gente, que con cierta pizca de acomodarse a las cosas dice que algo es gris. Ahora

no. Ahora es blanco o es negro. Lo que es blanco es blanco y lo que es negro es negro. A la persona que me hace problema por algo yo le digo de entrada: paremos ahí. Conmigo no va. O yo no voy con vos. No importa, lo que está clarito es que no funcionamos juntos. Elegí vos el camino, uno de los dos se tiene que apartar tranquilamente. ¿Y por qué? Porque es una autoprotección lo que estoy haciendo. Tengo que ser yo el primero en cuidarme. Y ahora le doy mucha importancia a las plantitas, por ejemplo, que antes le pasaba de largo. Yo andaba por la vida en un Jumbo y así no podés ver las plantitas ni nada. Te perdés la vida y te vas ganando la muerte. Ahora voy al centro y voy caminando, miro todo, las pequeñeces, me quedo mirando a una criatura, si llora, si esto, si aquello. ¿Sabés qué? Me siento más a disposición del ser humano.

–¿Puede decirse que le perdiste el miedo a la muerte?
–¡¡Total!! ¡Total! Pero total.

Un bello personaje Nuncio Sanfilippo. Y una bella persona. No sé cómo sería antes, salvo lo que él mismo me cuenta, pero viendo lo que es ahora me nace parafrasear al genio de Piazzolla: "Todo el mundo tendría que tener su 'viajecito', su Gran Experiencia..."

A veces no se dan casos tan completos como los que estuvimos viendo debido a que no se llega al estado de corazón detenido y respiración inexistente. Fueron muchos los que se acercaron a contarme algunas experiencias que fueron notables, temibles y peligrosas, pero que no se trataba de la Gran Experiencia. Los relatos pueden resumirse todos en uno, porque son similares. El "uno" que elegí pertenece a un amigo, NÉSTOR SCHIAVONNE, músico, mi director musical en televisión (cuando trabajamos en ella, claro). Fue sencillo, directo y gráfico:

"Yo tenía quince años y por ese entonces íbamos a veranear a Miramar con la familia. Un día, me meto en el agua con la dulce inconciencia que se tiene a esa edad y nado mar adentro, un poquito no más. Pero cuando pretendo dar la vuelta me doy cuenta de que no puedo. El mar me aspiraba para adentro y por más que yo me esforzara braceando y pataleando, avanzaba un metro y sentía que iba dos para atrás. Luché un rato así y cada vez era peor. Hacía señas y nadie parecía verme. Fue en ese momento que entré en un estado de semiinconciencia, diría, porque no llegué a desmayarme, pero todo estaba como fuera de foco y yo estaba casi entregado a morir. Así, en ese estado, vi pasar mi vida como una película a una velocidad asombrosa. Todo estaba allí, hasta un cachetazo que me dio una vez mi papá por haber roto un jarrón. Todo en segundos. Así estaba cuando ya habían llegado hasta mí y me sacaron a la costa."

Insisto: muchos relatos casi idénticos al de Néstor me repitieron en las últimas semanas gente que seguramente creyó que "eso" era la Gran Experiencia. No era el caso de Néstor, pero sí el de muchos. De todas formas es fácil observar cómo este guiño de la muerte, esta pequeña cercanía que no incluye más que lo que cuenta, tiene algún leve punto en común con la Grande: la película veloz y en ella detalles muy leves (¿se acuerdan la piedra tirada por Guillermo Villegas y que volvió a ver en "su película" recién comenzada su Gran Experiencia? ¿no se parece en mucho, por lo leve, al cachetazo del papá de Néstor por haber roto un jarrón?).

Dios mío. No hago más que repetir y escribir esas dos palabras, Dios mío, como si con ellas buscara la solución a tantas cosas que me pregunto y ustedes

Más allá de la vida

seguramente se preguntan. ¿Cuáles son los mecanismos mentales que son capaces de reproducir actos mínimos en nuestra vida como la pedrada de Guille o el cachetazo a Néstor? ¿Uno vive cosas que nos parecen chiquitas y son, en realidad, muy importantes? O, al revés, ¿uno vive cosas que cree que son terriblemente importantes y, en realidad son unas sublimes pavadas? ¿Qué o quién nos marca lo importante y lo que no lo es? La gente, por lo general. Y la gente, como es nada más que eso: gente, se equivoca.

De lo contrario hay muchas cosas que no tienen ningún sentido. Por ejemplo: en otras épocas y aún hoy en ciertas tribus africanas es un signo de buenísima educación eructar sonoramente al finalizar la comida a la que uno fue invitado. Si uno lo hiciera en nuestra época y civilización sería un papelón terrible.

Por ejemplo: si uno visita el iglú de un esquimal será luego obligatorio y una gran prueba de cortesía hacer el amor con la esposa del dueño de casa, que se retirará prudentemente mientras ella se acicala sonriente empapándose los largos y sedosos cabellos con orina, como homenaje a uno. Me temo que por el resto del mundo las cosas no suelen darse así. Más aún: si uno se negara al acto amoroso con la mujer del esquimal, éste no tendría más remedio que matarlo a uno por la ofensa. Y así varios ejemplos a través del tiempo y las distancias. Pero basten estos como para comprobar que lo que es importante y lo que no lo es, lo que es mejor y lo que es peor, hasta lo que es bello y lo que es horrible, son a menudo convenciones humanas. Cosas en las que la gente está de acuerdo. Cuál gente, en qué época, en cuáles circunstancias y mil cosas más son un problema aparte. Nosotros, la gente, nos limitamos a seguir al pie de la letra las costumbres, a repetir frases cuyo origen y significado real ignoramos y a marchar ordenadamente en la apretada fila que berrea y aguarda a ser esquilada. Todo porque otra gente –antes, eso sí– dispuso cada paso.

Yo me niego. Y, por suerte, en este tema se han

213

negado los Moody, las Kübler-Ross, los Van Eersel, los Whiton, los Fisher, los Toynbee, los Sabom, los Ring, los Platón, y mucha pero mucha gente que se asoma al tema, queda deslumbrada y se suma a apuntalar la Fe con todo esto.

Este no es exactamente un caso de Gran Experiencia, pero se le acerca mucho dadas las extraordinarias características del hecho. Por eso está aquí. Ni siquiera el propio protagonista, que lo cuenta en primera persona y cuyas palabras son rigurosamente respetadas gracias al grabador –como en todos los casos– puede explicar lo inexplicable.

JORGE NEDER es cordobés, hombre vinculado a algunos medios políticos y fue integrante del directorio de ATC en la anterior administración. Ahora tiene cuarenta años y recuerda lo ocurrido el 10 de diciembre de 1988, cuando habían pasado diez minutos de las doce de la noche. Había asistido, con otros funcionarios, a una fiesta popular muy ligada a la agricultura de su provincia. Estaban a unos doscientos kilómetros de la Ciudad de Córdoba y ascendieron todos al helicóptero que allí debía llevarlos. La mayoría de ellos ignoraba que estaba   pocos, muy pocos minutos de su muerte. En el helicóptero oficial viajaban el piloto, el copiloto, el doctor Negri (vicegobernador de Córdoba), Pascual Scarpino (su secretario privado) y Jorge Neder.

–¿Cómo fue el accidente?

–El helicóptero se elevó unos setenta u ochenta metros y apenas alcanzó a moverse un poco en el descampado. Mi asiento estaba dándole la espalda a los pilotos y solo Dios sabe por qué estuve yo allí, que es lo que hizo que me salvara luego. Porque al ir entrando tuvimos esa cosa como de broma y gentileza con Pascual que me decía "vos primero" y yo "No, vos, por favor". Esas cosas. Subí yo primero porque él me dijo "vamos a viajar tal como vinimos". Cuando estábamos a unos setenta u ochenta metros de altura, como digo, el helicóptero se ladea para tomar la curva y enfilar a Córdoba y noto –creo que todos lo notamos– que no se enderezaba como debía. Ahí yo siento el motor al máximo de su potencia y todos sentimos cómo la máquina comienza a caer en forma vertiginosa.

–¿Vos tomaste conciencia de que te estabas cayendo de un helicóptero?

–Yo me di cuenta de que me estaba cayendo y también me di cuenta de que de eso no me salvaba. De eso no se salva nadie. Y te digo más: pensé también "esto explota" porque asocié con lo que uno ve en las películas y estaba seguro de que ni bien tocara tierra explotaba.

–¿Qué pasaba con el resto? ¿Gritaban? ¿Alguien daba órdenes? ¿Se desesperaban? ¿Qué ocurría a bordo?

–Absolutamente nada.

–Pero ¿se daban cuenta de que estaban cayendo?

–Sí, claro. Pero no hubo un solo grito, más aún, ni una sola palabra. Yo mismo que no tengo dudas de que comprendí que nos estábamos estrellando en unos segundos nomás, no dije ni una palabra. No sé por qué, pero nadie dijo nada.

–Imaginar esa escena es peor así que imaginarla con gritos, con esfuerzos por salvarse, con algo desesperante de último momento.

–Posiblemente. No puedo saber cómo es imaginar esa escena. Sólo sé como fue vivirla. Y fue así. Caíamos como un peso muerto, los motores rugían al mango pero no servía de nada porque estábamos de costado y ninguno de los cinco hombres a bordo abrió la boca. No sé cuánto duró eso, no puedo saberlo. Tres segundos, cinco hasta el primer impacto, siete quizás. No lo sé.

–¿Qué fue lo diferente que sentiste?

–En ese momento es como si me hubiera parecido

a mí una inmensa avenida. Una inmensa avenida llena de luces. Ráfagas de luces. Y en ese tiempo recordé la infancia, la adolescencia y a familiares que ya estaban muertos. Seres queridos a los que veía sus rostros como si fueran apareciendo en esa gran avenida llena de luz. Aparecían los rostros de los seres queridos que ya no están y luego los de los que sí están aún conmigo en la vida. Todos eran personas muy queridas por mí. Por ejemplo aparecían mi hijo y mi mujer que en ese momento ni imaginaban lo que yo estaba viviendo y no los veía como pensando en qué pasará ahora con ellos, no. Los veía como dos rostros más de los seres queridos, en una forma difusa y muy rápida pero totalmente clara en cuanto a reconocerlos. En eso estaba cuando siento el primer impacto del helicóptero contra el suelo.

–¿Primer impacto? ¿Hubo más de uno?

–Sí. El primero hizo un pozo de más de un metro en la tierra... Ahí rebotó y cayó a treinta y dos metros en su segundo impacto.

–¿A treinta y dos metros?

–Claro, no te olvidés que las palas del helicóptero venían girando a toda potencia para intentar "zafar". No zafamos, pero la potencia de esas palas, esas hélices horizontales enormes, hicieron que al golpear en tierra volvieran a elevar al helicóptero y tirarlo en un segundo impacto treinta y dos metros más lejos. Allí todo se rompió alrededor. En el saco que yo llevaba puesto encontraron después trozos de hélice de uno y dos centímetros en los bolsillos, imaginate.

–No, Dios, no me resulta fácil imaginar eso. ¿Qué pasa en el segundo impacto?

–Ahí el helicóptero se queda quieto, quieto por completo en el medio del silencio del campo que era donde habíamos caído. Yo debo haber perdido la conciencia por unos segundos en algún momento porque, después del segundo impacto, es como si me despertara y veo todo negro. Para arriba y para abajo, veo todo negro. Entonces, aturdido y recién vuelto a la realidad, creo que estamos volando todavía. Hasta tal

216

punto que ahí hablo por primera vez y le digo al piloto: "Rodríguez, por favor, manejá bien que nos vamos a estrellar". Y grito, grito y grito pero nadie me contesta. En un momento que me quedo en silencio siento el ruido de los grillos del campo y recién ahí me doy cuenta de que estamos en tierra. Alcanzo a sacar una mano entre los hierros retorcidos y estirándola, tal como estaba ubicado, alcanzo a tocar tierra. "Pero, estoy en el suelo yo...", me dije sin entender. Y ahí comienzo a arrastrarme para salir del aparato.

Es muy posible, dado el relato de Jorge, que el momento en el cual él creyó ver –o vio– esa gran avenida con esas luces tan poderosas y con los rostros de sus seres queridos que aparecían como en una sucesión interminable, haya sido al perder el conocimiento durante esos segundos después del primer impacto. Jorge ubica la cosa ahora en el momento de la caída, lo cual no es tan aceptable porque allí él conservaba la conciencia. Perturbada pero conciencia al fin. De la misma forma y por el mismo mecanismo por el que el otro único sobreviviente (el vice-gobernador Negri) se olvidó de todo, Jorge Neder también borró el momento de la caída de su memoria y ubicó lo que más se fijó en sus recuerdos (la avenida, las luces, los seres queridos) en un instante que no es el real. En forma consciente la avenida y lo demás es alucinatorio. Y ni siquiera habían bebido. Sin conciencia todo eso es prima hermana de la Gran Experiencia. Sabe sólo Dios por qué Jorge Neder no sólo no murió, sino que ni siquiera entró en la Gran Experiencia. Pero por algo ha de ser. Algo le faltaba hacer de este lado, parece.

El resto del relato es off Gran Experiencia, pero no los voy a dejar con la incógnita de lo que pasó. Sería tonto y egoísta. Sigue Jorge:

–Logré salir de entre los hierros retorcidos y no sé cómo. Después de verlos me pregunté por dónde salí. Y lo hice con desesperación porque insistía en repetirme "esto ya explota". Corrí unos metros pero enseguida me acordé del resto. Empecé a gritar el nombre de ellos y no me contestaban nada más que los grillos, en medio del campo. Curiosamente yo había sido el único que no tenía puesto el cinturón de seguridad, todos los demás lo llevaban abrochado.

¿Ve lo que le digo? O, mejor dicho, ¿lee lo que le digo? Cuando tiene que ser, es. Cuando no tiene que ser, no es. El cinturón de seguridad, como su nombre lo indica, es para eso: para la seguridad. Jorge fue el rebelde o el olvidadizo del grupo. Y el que salió ileso. ¿Quiere decir eso que los cinturones de seguridad no sirven? No, por supuesto. Quiere decir que –por alguna razón inexplicable para mí y sospecho que para todos– Jorge Neder DEBÍA seguir viviendo. No me voy a meter en camisa de semejante cantidad de varas para intentar analizar la cosa. La cosa está. Fue. Y, como tantas, no tiene explicación.

–Yo estaba de traje ¿no? Pero en medias. Eso de que los zapatos son lo primero que se pierde en un accidente es cierto nomás. No sé por qué pero es cierto. Yo corría veinte metros y volvía. Gritaba en medio de la noche el nombre de los demás y me contestaban los grillos. Volvía a correr por ese instinto de conservación que me marcaba que el aparato iba a explotar pero, por esa cosa solidaria que no se puede explicar, volvía otra vez al lado del aparato y gritaba desesperado. A todo esto, yo estaba empapado y no de agua. Estaba empapado en *JP 1*, creo que se llama, que es el combustible del helicóptero. Bañado en eso. Una chispita y se acababa todo de la peor manera. Y yo seguía corriendo como para buscar ayuda en el medio de la nada, porque era todo campo, y volvía a encarar a ese retorcijo de hierros llamando por su nombre a los que no me contestaban. En una de esas vueltas me sentí como loco porque no los oía. No pensé más en la explosión y si pensé, era lo mismo. Me largué en medio de los hierros para querer sacarlos. Al primero que saqué fue a Mario Negri, el vicegobernador, que cómo habrá sido la fuerza que hice que arranqué el asiento del piso, no sé cómo. Nunca fui un tipo que se manejara con la fuerza. Si me dicen entrenate un año para ver si podés aflojar ese asiento, no me sale. Pero la desesperación debió ser. Arranqué el asiento y lo saqué. Lo puse a un costado, en la tierra, y volví a buscar a los demás. Pero ya no se los podía sacar. Estaban como atrapados por los hierros. Y me di cuenta de que habían muerto todos. Yo sentía un dolor de cabeza muy grande y pensaba que debía estar lleno de golpes internos. Yo gritaba y gritaba. Pero nadie oía. Lo más cercano era un aeroclub a unos 800 metros y justamente allí había un policía de esos gordos que parecen desganados pero están en todo, y que había visto que el helicóptero no estaba más. Se preocupó, corrió los ochocientos metros, pasó alambrados, se metió en el medio de la noche y me encontró. Nos abrazamos y después de eso vino el resto de la ayuda.

–Negri y vos fueron los únicos sobrevivientes.

–Sí. Negri bastante golpeado. Yo no tuve nada. Raspones creo. Y fuimos los dos últimos en hablar, arriba. Negri me preguntó, me acuerdo; "¿Y? ¿Qué tal? ¿Qué te pareció el discurso?". Y yo le dije "Bien. Creo que tenemos que analizarlo." Y a partir de ahí todo lo que te conté.

–Una de las cosas que me sorprenden mucho es que nadie haya dicho nada, un grito, un insulto, nada. Y pienso ahora que me contás esto que tal vez a todos les estaba pasando la vida como una película tal como vos veías a los tuyos.

–Puede ser, sí, puede ser.

–¿Vos no lo hablaste con Negri, después? ¿Qué sintió él?

–Negri no se acuerda de nada. Lo último que recuerda es cuando subimos al helicóptero, nada más. El resto lo tiene borrado, incluyendo lo que yo hablé con él un segundo antes sobre el discurso. Nada. No se acuerda de nada. Se salvó pero todavía está recuperándose.

–¿Y vos?

–Yo nada. Nada de nada. Un par de moretones. Lo único que me quedó es el trauma del momento. Todavía ahora me hiela la sangre ver un ventilador de techo. Y a veces tengo pesadillas. Eso es todo.

Esta no ha sido exactamente una Gran Experiencia, pero estuvo muy cerca. Lo curioso es que siempre aparecen las luces o la luz. Cuando no es una ciudad, como en casos que contamos al principio, es una avenida. O es la misma luz frente a uno. Pero la luz, la luz, la Luz.

Repasemos lo trascendental como si fuera un juego. La Luz.

El *Antiguo Testamento* cuenta en *Éxodo XXXIV*:

> *"Después de esto Moisés descendió de la montaña del Sinaí, llevando las dos tablas de testimonio; no sabía que de la entrevista con el Señor le habían quedado rayos de luz sobre su semblante. Pero Aarón y los hijos de Israel, viendo que el semblante de Moisés despedía rayos luminosos, temieron aproximarse a él..."*

Otra vez la luz. Otra. vez la Luz. Y la historia se repite infinidad de veces. Con diferentes personajes. En el Nuevo Testamento, en San Mateo, Capítulo XVII, relata:

> *"Jesús fue transfigurado delante de todos ellos. Su rostro brillaba como el sol y sus vestiduras eran blancas como la nieve..."*

La Luz. La Luz. La que infunde esa Paz que no puede describirse. La que señala que la muerte no significa tinieblas sino todo lo contrario: Luz, Luz, Luz. Bendita sea, parezco un predicador de feria, pero no. Les juro –y no me gusta jurar– que lo único que quiero es empaparlos de lo que la Luz significa para tranquilizar a los que van a morir (yo soy uno de ellos, tengo una bomba de tiempo en el pecho y ni siquiera sé cuando va a estallar) y a los que perdieron a alguien muy querido.

Hay fenómenos luminosos muy claros en San Luis Bertrand, San Ignacio, San Francisco de Pauls, San Felipe Neri, San Francisco de Sales, San Carlos Borromeo y decenas más. No es una casualidad que a los santos se los pinte con la aureola sobre sus cabezas: es la luz sobre sus nobles testas. Ahora: ¿es una casualidad que todos los que vivimos la Gran Experiencia hayamos visto antes que nada la Luz, la Súper Aureola, por llamarla de alguna manera moderna? Dios, ¿puede ser todo tan casual, tan bobamente casual?

Vamos más cerca en el tiempo. La mística Victoria Clara de Coux, muerta en 1883, fue vista por decenas de personas con una luz a su alrededor como protegiéndola y enalteciéndola, en especial después de comulgar.

Salgamos al recreo. Salgamos a casos en los que nada tienen que ver los santos, las místicas o nada que se acerque a la Iglesia, para que no digan después que esto es un fanatismo religioso lo cual no solo sería falso sino injusto (hay casos en este librito que con solo repasarlo demuestran que el fenómeno de la Gran Experiencia, se ha dado y se da en cristianos, judíos, musulmanes y hasta ateos).

Casos laicos por completo. En el libro *Medicina Católica*, del doctor Henri Bon, editado en los años 30, su autor dice textualmente:

"En las sesiones mediúmnicas se producen, a veces, fenómenos luminosos, consistentes, lo más frecuentemente, en especies de fuegos fatuos flotantes en el aire, a distancia del médium. Staton Moses los ha presenciado realmente notables. Personalmente, hemos sido testigos de luminosidades semejantes en

*sesiones mediumnicas con Madame Popiels-
ka, en Varsovia, en 1927. Así las consigné en
esa época..."*

La Luz es Dios, dejémonos de vueltas. O su repre-
sentante más cercano. La Luz es lo único capaz de
quebrar a las tinieblas como si fueran un trozo de
cerámica negra a la que se le da con un martillo. La
Luz lo es todo, para todos, no importa qué religión
profesen. A veces hasta no importa, creo, si profesan
alguna aunque sospecho que ayuda. La Luz es la Fe,
señoras y señores. El que quiera creer que crea, el que
no que se joda, pero hay que hacer lo posible para que
no se joda. La nuestra no sería una vida sino un trozo
de caca si todo consistiera en nacer, crecer, aprender
alguna cosita, procrear cuando hay suerte, ir de un
trabajo al otro (o, lo que es peor, estar siempre en el
mismo) y después morir como si nada. La vida es Vida
porque ahí está la temida, la horrorosa, la inevitable,
la negra muerte. Lo que deberíamos comprender es
que es justamente EL PRINCIPIO y no el FINAL. Se lo
aseguramos todos los que –apenitas– pudimos ver el
principio de la película, los títulos. Si así arranca, no
quiero imaginar lo que sigue. Es –el momento del
umbral de la muerte– un instante en el cual yo no soy
el marido de mi mujer, ni el padre de mi hija, ni el hijo
de mi madre, ni el escriba de donde sea, ni el ani-
mador de nada, ni el consejero de ningún amigo ni
cosa parecida. Es el instante en el que yo soy absolutamente yo. Y nada más. Y nada menos. YO. Que no
es poco...
Como cada uno de ustedes, que no son poco –carajo– que no son poco.
Y que serán mucho más cuando se topen con la Luz.
La Luz, la Luz, la Luz.
Cómo la amo, cómo la ansío, cómo le temo, cómo la
espero.
La Luz.

DESPUÉS DE TODO

ESTÁ PROBADO QUE LOS QUE HEMOS PASADO POR LA GRAN EXPERIENCIA nos emocionamos con mucha más facilidad que antes. Por eso es que esta última página es breve y directa. Ya estoy sintiendo la emoción de este hijo que creció lo suficiente como para irse de casa y vivir su propia vida. Lo llamé cariñosamente "el librito" durante su crecimiento. Creo que ya es un libro. Y espero que sirva a sus fines: informar, enseñar, asombrar. Pero, por sobre todo, al más importante de esos fines: abrir las puertas de la Esperanza a los que perdieron a alguien a quien mucho amaban (y aman) y a los que, por una u otra razón, saben que van a morir pronto. Este, ya lo han visto, no es un libro religioso ni cosa que se le parezca. No es, tampoco, un libro filosófico aunque por momentos sí se le parezca. No es un libro de ficción: absolutamente todo lo que contiene es rigurosamente cierto y controlado, habiéndose elegido a los personajes más inobjetables para los testimonios y las opiniones. Es un libro escrito entre todos en un tiempo casi récord y con un estilo de catarata de sensaciones. Es un borbotón literario, una apilada de sentimientos, casi un milagro de fe que empujó suavemente a las montañas para que esto naciera sin tropiezos.

No creo que sea necesario aclararlo, pero por si a alguien le quedaron dudas, quiero decir que si me preguntan si yo creo en Otra Vida tal como aquí fue pintada, la respuesta es definitivamente sí.

Tengo toda la sensación de que éste no es el final del libro, sino el principio de algo que aún ignoro, pero que será bueno.

Ahí les queda mi cariño y el librito, que dejará de ser solo mío para transformarse en libro y ser de muchos en el momento exacto en que pulse la tecla del punto sobre esta última palabra.

225

ÍNDICE